Smile, please

내가 뭘 했다고 번아웃일까요

我做了什麼會產生職業倦怠

停止責備自己，放下讓你內疚、自責、不安的惡劣職場

安珠延안주연 著
梁如幸 譯

有沒有一天，我們可以活在不用自我剝削的職場

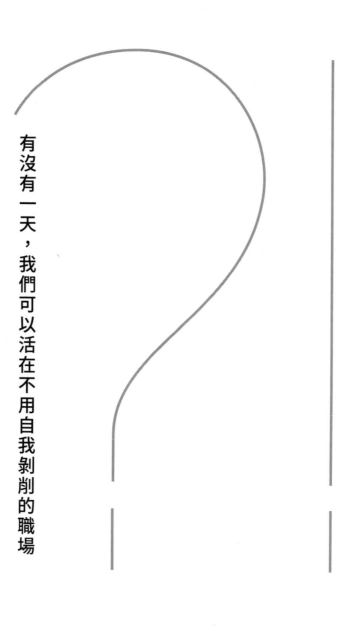

目錄。

CONTENTS

情緒耗盡

自我壓榨

工作壓力

與人連結

立刻辭職

交感神經

千禧世代

你有職業倦怠嗎？

「晚上躺著準備睡覺時，總是會不自覺地回想起今天在公司不小心犯的錯，或是明天必須要處理的工作。下班後也會檢查工作簡訊，或繼續聯繫公事。周末更是嚴重，從星期日下午就開始煩惱明天要上班，經常莫名地想哭。

搭公車前去上班，望著車窗外，心想為什麼我的內心會那麼煩躁，窗外的風景卻是那麼平靜，不如出車禍算了，要是公車翻覆的話，就不用去上班了吧？住院的話，也不用去公司了……產生這樣的念頭，就連我都開始擔心起我自己了。」

各位最近是處於多麼疲倦的狀態呢？如何平衡每日必要的工作與自己的日常生活？我很好奇閱讀這本職業倦怠書籍的你們，究竟是抱持著怎樣的心情、處於何種狀態。有些人可能是單純好奇這個主題，但也有些人可能是聽了有關職業倦怠的例子後，心中冒出「這不就是我嗎」的念頭。我肯定是職業倦怠、我好像還不到職業倦怠、我似乎有職業倦怠的可能性……大家是屬於哪一種呢？

正式開始討論這個主題之前，請大家先試著診斷自己處於什麼狀態吧。職業倦怠是指因職務壓力而導致精疲力盡的狀態，因此很難像疾病一樣去定義它，在診斷上也有些模糊地帶，相當難整合出一個統一的判斷標準；取而代之的是，我們可以參考許多學者與臨床專家為了掌握因工作而精疲力竭的程度所制訂出來的職業倦怠量表。

在眾多測量職業倦怠的量表裡，最為知名且廣泛被使用的是「MBI量表」。[1]MBI的M是取自以研究職業倦怠著名的美國心理學家克麗絲汀・馬斯勒（Christina Maslach）的姓氏縮寫，B是職業倦怠（burn-out），I則是表單（inventory）之意。自一九九〇年代MBI量表首次被設計出來後，持續發展至今。最初人們注意到職業倦怠，是從情緒勞動者、也就是必須直接面對人群的職業工作者開始的。因此量表的出現也以這種職業類別為對象設計，之後陸續將此內容設計成可以應用於一般白領階級等其他職業類別的GS（general survey），也就是現今最通用的

1 編註：台灣也譯爲馬氏工作倦怠量表。現今並沒有正式的線上檢測問卷，有興趣的讀者可參考中國的梅斯醫學製作的網頁版：https://m.medsci.cn/scale/show.do?id=8e2b11e5ce

版本。[2]

MBI-GS 量表將職業倦怠的原因大致分成三個主要因素：情緒耗竭、專業效能、譏誚態度[3]，那麼，現在讓我們一起來看看 MBI-GS 的三個要素吧。

I feel emotionally drained from my work.（我對自己負責的工作感到厭煩。）

In my opinion, I am good at my job.（我認為自己的工作表現很好。）

I doubt the significance of my work.（我對我職務的重要性感到懷疑。）

此三個要素依序傳達著能測量出情緒耗竭、專業效能、譏誚態度的各種問題，並依據回答得出職業倦怠程度的分數。這三個 MBI-GS 量表中的要素，主要聚焦在心理與內在問題。

第一個問題區間是情緒耗竭，如同字面上的意思，這是確認心理負擔是否超乎負荷、是否受到太多無理的要求，而導致個人情緒枯竭以及缺乏能量。

第二個區間是確認自己的工作效率與個人成就感，稱之為專業效能。

最後一個區間是我個人覺得最悲傷的部分，確認是否逐漸減少對現在負責工作的熱忱、是否變得消極，並且懷疑自己對職務的貢獻度、對整體都失去信心。「譏誚」又稱作「去人性化」，對工作逐漸感到疲倦厭煩、乏

2 Christina Maslach, Susan Jackson and Michael Leiter, *Maslach Burnout Inventory* (3rd ed), Palo Alto, California: Consulting Psychologists Press 1996.

3 編註：也有譯爲：情緒耗竭、降低個人成就感、去人性化。

味無感，甚至變得憤世嫉俗，也因此面對一切人事物都覺得毫無意義。這個問題區塊主要是確認這些情感要素。

二〇一五年，一份以韓國上班族為對象的問卷調查結果顯示，在總分九十分的MBI-GS測驗中，平均達到四十分左右。這個分數並不低，事實上，韓國整體分數是偏高的。

除了關注個人心理問題的MBI-GS量表所展現的三大要素之外，我還想介紹另外兩個要素。在由以色列心理學者艾瑞．希洛姆（Arie Shirom）與山謬．梅拉梅德（Samuel Melamed）所研發的職業倦怠診斷量表「SMBM」裡，對這兩個要素有詳細的解釋。兩位學者說明職業倦怠除了心理因素以外，還包含認知疲勞累積與身體疲勞。[4]

首先「認知疲勞累積」是指感覺思考過程變慢，或是難以思考。很難集中精神也是職業倦怠的主要症狀。因為職業倦怠而造成的認知疲勞，會直接導致工作效率低落。但許多上班族身處在這樣的狀態中，卻會因為無法專心投入於工作而感到自責，或是對自己更加苛刻，逼迫自己花更多時間也要完成工作。工作的時間拉長，產生職業倦怠也就更快。另外，因為不知道自己是因為職業倦怠而造成暫時的認知功能疲勞，也可能會陷入「我的腦袋已經不行了嗎」、「我完蛋了」的悲觀之中。

最後的要素是「身體疲勞」，全身失去力氣，就像是電池的電力被耗盡一般，明明還在早上的上班時段，但卻已經無精打采。另外，也很容易覺得自己的身體健康狀態不好，或是出現慢性疼痛、消化系統疾病等，但卻渾然不覺這些嚴重的疲勞感與症狀起因於職業倦怠。在這種情況下，當

4 Arie Shirom and Samuel Melamed, "A Comparison of the Construct Validity of Two Burnout Measures in Two Groups of Professionals," *International Journal of Stress Management* 13(2) 2006, 176-200 頁。

事人無法從根本解決原因，而前往醫院針對個別的症狀進行檢查，可能會因為狀態不明而越來越混亂，或是浪費時間與金錢。因為身體狀態恢復不易，跑遍許多醫院治療的同時，可能讓身體更加疲倦。

這些職業倦怠量表大抵指出了五個要素，不知道上述哪些項目會讓各位產生「喔，我有點像那樣」、「那不就是在說我嗎」的想法呢？事實上，將一個人的狀況用二分法來判別是否有職業倦怠是不恰當的，也並非符合的事項越多，職業倦怠就越嚴重。也有許多量表沒有正確的診斷分數或基準。即使如此，上述的選項若有一半是「經常如此」，或周遭有親朋好友是這樣的狀態，就應該仔細地閱讀接下來的內容。

那麼，現在開始就讓我們來好好了解職業倦怠吧。

職業倦怠是什麼。

「Burnout」（職業倦怠）指當人在疲倦及消耗殆盡時出現的症狀，我們一般說burnout時，主要是指與工作相關的狀況，對自己的職業、學業等感到巨大的耗損、譏諷、效率低落，稱之為職業倦怠。我們很容易認為職業倦怠只是工作效率不好，但其實這個問題也會對生理上產生影響，同時亦伴隨情緒問題進而帶來心理上的影響。因為這個影響是遍及身心的，因此近幾年也逐漸地受到重視。

首次提出職業倦怠概念的是美國心理學家赫伯特．佛羅伊登伯格

（Herbert Freudenberger），他在一九七四年的論文〈治療者的耗盡〉[5]中，為了說明那些與藥物成癮者應對的醫護、志工的無力感，而使用了「耗盡」（burnout）一詞來表現。

每當看到人們完全消耗殆盡，就會讓我聯想到薛西弗斯的故事。在希臘神話裡，薛西弗斯因為欺騙宙斯，被懲罰必須將地獄滾下來的巨大岩石推上山頂，但是費盡力氣將巨石推上山頂後，岩石又會從相反方向再度滾下來，薛西弗斯必須不斷反覆這件永遠都不會有盡頭的事。職業倦怠如同神話中的薛西弗斯一般，反覆進行著不管再怎麼努力都沒有用的事情。如果情況會好轉、或是至少看得到盡頭、又或者對於現在的工作比較有掌控感，即使有壓力或許還能堅持下去；但是如果毫無改善的希望、沒有辦法控制現在的工作、或是反覆進行沒有意義的事，那就是陷入職業倦怠了。

佛羅伊登伯格為了說明這種極度疲倦的狀態與無力感，使用了 burnout 一詞；如果我們將這個英文單字用文學一點的方式形容，不就是「全都燃燒殆盡了」？

我在準備關於職業倦怠書籍的同時，最擔心的就是要既能讓人了解該主題，又可以愉快又有趣。因為對職業倦怠感到好奇的人，不會希望在看完這本書之後變得更累啊。但是尋找相關資訊時，又經常陷入內容艱深的學術資料裡。仔細想想為何如此，我想是因為即便當我就讀醫學院時，也幾乎沒有討論過這樣的概念，即使有，也只是簡單帶過。社會上開始注重所謂的職業倦怠，大約是從二〇一〇年代開始。不過，近幾年關於職業倦怠的話題漸漸增加，現代社會的人因為不斷工作導致精疲力竭，讓這個議

5 Herbert J. Freudenberger, "Staff Burn-Out," *The Society for the Psychological Study of Social Issues* 1974 年秋季號 159-65 頁。

題受到重視。

在網站上搜尋「職業倦怠」時，出現了「為什麼燃料不足的警示燈都亮起了，還是繼續不斷奔馳呢」的比喻。汽車沒油的話，通常會先停車、或是買汽油回來、再不然就是趕緊找加油站，不是嗎？然而無視燃料不足的警示燈亮起，卻依舊持續奔馳，就稱之為 burnout。Burnout 的意思如同字面上，是耗盡之意，當我們對某件事全力以赴時，常會以「燃燒殆盡」來表現。如果木頭經過適當燃燒，就會成為黑色的木炭，而在木炭上點火的話，木炭會成為持久良好的燃料。然而如果不補充燃料，只是一個勁讓木炭持續燃燒呢？如此一來就會只剩下連火都無法點燃的白灰。像這樣，就連起死回生成為火種的最後一點力量全都消耗殆盡，並且還繼續加重的話，不用說成就感了，甚至會產生嚴重的無力感。因此職業倦怠又被稱為筋疲力竭症候群、耗盡症候群，也稱為燃燒症候群，帶有全都消耗殆盡、難以恢復狀態的意味在其中。

二〇一九年是全世界對職業倦怠相當關注的一年，世界衛生組織（WHO）針對人類疾病、受傷、死亡等分類發布了「國際疾病分類」（International Classification of Diseases，以下稱為ICD），韓國也以ICD為基礎，另外制訂了國內疾病分類。如同新的手機系統軟體在上市後會不停進行更新一樣，疾病分類標準也需要隨著社會變化與醫學發展更新。疾病的型態隨著時代演進可能會發生變化，診斷標準也會隨之改變，同時還可能增加新的疾病或其他有助治療的因素等。在這樣的情況下，ICD版本必須不停更新。二〇一八年發表了ICD-11，也就是ICD的第十一種版本。[6]不

6 編註：目前健保署網站上只翻譯到國際疾病分類第十版。想知道第十一版的詳情，可以上WHO官網查詢：https://icd.who.int/en。官網上並翻譯有簡體中文的版本。

過新版本不見得會馬上通用，而是給予醫界一定的時間準備，在發表後到實際運用前也會隨時更新。

ICD-11的特徵是廣泛地定義了威脅健康的因素，這表示這些因素在醫學的認定上雖非疾病，卻會影響健康。二〇一九年五月，職業倦怠被增加到ICD-11裡，世界衛生組織定義職業倦怠是「因管理不成功導致的慢性職場壓力所引起的症候群」，也就是判斷職業倦怠是「可能影響健康狀態的主要有害因子」，這是很大的進展。換句話說，這代表因為過度工作而產生心理耗竭、進而影響健康的人相當多，同時也顯示，越是努力工作，生活就變得越貧瘠。

我究竟做了什麼會產生職業倦怠。

我經常和前來就診的患者分享職業倦怠的話題，也會上 Podcast 談論相關內容。在我談到這個主題時，最常聽到的問題就是：「我究竟做了什麼會產生職業倦怠？」即使沒有被診斷出患有職業倦怠，我也很好奇各位是否曾有過這樣的想法。

各位難道不曾有過這種感覺嗎？實際上已經非常疲倦了，但卻又心想我又不是做了多了不起的工作，因為這點事情就感到疲倦也太不應該了吧。認為自己是在耍廢，懷疑自己是否太脆弱，沒什麼大不了的事情卻哀聲嘆氣。

在韓國社會中，就連「喊累」都要有資格才行，如果想要表達自己已經精疲力竭的話，就得先證明自己有做很了不起的事：比如多年來認真念書準備考試、就連周末也不休息，甚至平常還加班，勉強自己超時工作，認為這樣才有資格喊累。會產生這樣的社會氛圍，是因為以這種方式來界定自己是否有喊累資格的人，也會以相同的標準來評價他人。這個社會充斥著要求休息是奢侈的、是不知分寸的氛圍。

那麼，實際上真的有疲勞的標準或是資格嗎？我認為沒有，特別是現在的社會無法保障無條件的付出就能有明顯的收穫。我們從小被教導只要全力以赴，最後一定會邁向美好的結局，但是，第一，事實果真如此嗎？現實是即便我們全力以赴，但是如果自己的才能不足、缺乏周圍的幫助、與周邊環境不合的話，也不見得能產生好結果，更何況現在是經濟低成長社會，可以成長的機會也很少。

第二，難道只有竭盡全力獲得想要的成果，這才是理想人生嗎？生活中總是會有許多偶然與環境的變數。雖然努力去做某些事，即使沒有獲得想要的成果，但過程中也能掌握其他技巧、找到新的方向、獲得嶄新的領悟或洞察力。失敗的同時，也會更了解自己，內在也能變得更堅強。當事情不順遂時，反而更能確認與周邊人們的關係。換句話說，我們的生活中，除了已經計畫好的事情之外，還存在著各式各樣寶貴的可能性，這就是現實。但是，在這個充滿競爭力與結果論的社會，卻總是逼迫著大家即使失敗了也不要屈服，要堅持不懈直到成功，這樣才能符合「如果沒有達到滿意的結果，就是不夠努力」這種不合理的邏輯。

特別是現在二、三十歲的世代，更會有這樣的想法。他們的上一輩、也就是父母或上司所屬的嬰兒潮世代，是經歷過經濟高成長時期的人們，體驗過經濟成長、銀行高利率、到處都是工作機會的時代，而這些人現在成為我們的父母或上司，沉浸在過去的經驗裡，自然會說出「你做了什麼好意思喊累」的話，很難體會子女或後輩為何感到辛苦。其實打開新聞就可以知道現在失業問題有多麼嚴重，約聘職已經蔓延至整個社會。許多人雖然知道這樣的狀況，但是要將現實困境套用在周邊的人，卻又是另一回事。「只要努力去做不就行了嗎？是不是因為你不夠努力，所以才沒有成果？」會這樣批評的人，犯下了只依據結果來判斷是否努力的錯。「我有職業倦怠」、「我已經精疲力盡了」、「我過勞了」的話，也就無法說出口，因為對方不僅不認同自己的努力，甚至還認為別人比自己用功；即便現在有多麼辛勞，根本無法表達或解釋。

前面提到測試職業倦怠的 MBI-GS 量表，最高分是九十分，平均分數為四十分，這也令人感到相當憂心。四十分已經是職業倦怠的危險群了，但這數值卻是平均數，這代表了大部分的人都毫無理由地勉強著自己。在這種社會氛圍下，即使只是稍微說自己有點累，理所當然會聽到「你是做了什麼了不起的事嗎」的反應，而這樣的反應又再次將個人推入職業倦怠的惡性循環之中。

我們生活在工作狂的社會裡，截至幾年前為止，我們還帶著正面積極的態度看待「工作中毒」或「工作狂」，很多廣告都描繪了積極開會、加班的樣貌，彷彿這才夠跟得上潮流、夠有主宰人生的感覺。當然積極工作是一件帥氣又有意義的事情，但如果是因為社會壓力不得不這樣做的話，就很難說這是值得佳許的事了。

二〇一三年〈每日經濟〉針對上班族做的問卷調查結果顯示，一千人中有八百六十二個人回答自己感到職業倦怠。這是多麼驚人的數字，也不禁有「韓國人果然都太認真工作了」的想法。

這樣的情況下、再加上社會壓力，讓韓國被評為是世界上工時最長的國家。僅管在討論職業倦怠時，工時是絕對不可以忽視的因素，但若整體社會的工作量都過高，便很難只有自己少做一些。所謂的工作都是互相關聯的，很難單獨自己一人說不做就不做，就連獨自休息也很不容易。而工時一延長，首先不得不面臨生理上的體力耗盡。

如果要選一個詞彙來代表我們社會的話，我會選「過勞社會」，雖然這個用詞讓人相當惋惜，但是實際上的確是經常發生過勞死的社會。在無限競爭的社會裡，大部分的人都工作過度，因此我們也只能依照高標準來生活。其實過勞的情況早就開始了，而且持續了很長的時間。學生們為了準備考試，必須要打造完美無暇的生活紀錄簿[7]，大學生與準備就業的人因為「即將進入職場」的身分，又開始無限競爭。進入職場後，以為這樣的狀況就會好轉？不，雇主不斷地鼓吹員工可以成為「工作狂」，「只要肯做就能成功」、「做到倒下為止」、「多用點心幹吧」，以這樣的話語壓迫員工。對於重視上下階級、長幼尊卑的職場來說，很難拒絕這種壓力，如此一來，就會覺得就連疲倦也需要資格才行。

很多人在下班後，也沒辦法舒服自在的休息，總覺得要繼續做些什麼才行。即使一天該做的工作都做完了，但習慣性地認為下班還是必須再做些什麼才能稱為認真，不管是去運動、學英文，還是閒來無事就整理房間，非得要有事情做內心才能舒坦，否則就會認為自己是個不事生產又懶惰的人。

7 編註：韓國有約百分之八十七的學生是推甄進入大學，因此準備推甄顯得格外重要。生活紀錄簿內除了戶籍、學籍外，還包含學業上的表現、出缺勤、獲獎經歷、檢定資格、課外活動，以及讀書狀況和個人特質描述等等。是影響推甄成績的主要因素。

在職場上沒有休息不斷地工作，身心消耗殆盡，可是卻又覺得不能閒下來。已經傾注全力在工作上，一點力氣也不剩，回到家後只能躺在床上邊滑手機，邊度過三、四小個時，雖然煩惱很多，但卻一點力氣也沒有，不知不覺就到了該梳洗的時間，自然而然又會感到自責。「不能這樣每天虛度光陰，明天開始要更努力才行。」光是產生這個的念頭，心裡難道不會覺得很煩悶嗎？我們到底要活得多努力，要做到什麼地步才可以？

手機電池只剩下百分之二十時，就會亮起紅燈，這時候如果不充電的話，很快就會沒電了。我們的身體也是一樣的，燃料用盡、警示燈亮起時，就需要透過充分的休息再度充電。如果熱愛並享受自己的工作，那肯定是大多數人羨慕的人生，也值得祝賀，但是如果工作結束後，還讓工作過度滲透進日常生活以致無法好好休息的話，就不能放任不管了。

大腦耗盡與情緒耗盡

職業倦怠大致可區分成兩類：因為過多的認知活動而感到疲倦的「大腦耗盡」，與因為情緒勞動過度而造成的「情緒耗盡」。

大腦耗盡是因為認知性的工作過多而耗竭，在首爾大物理系教授金大植的《學習的爭論》一書中，曾經提及關於菁英教育與耗盡的相關性。

在美國，大部分接受菁英教育的孩子都失敗了，在三十歲左右時，大家都從舞台上消失了，因為大腦過早就消耗殆盡了，這就是耗竭。

但是二十歲才努力念書、三十歲正式開始進行研究的人卻沒有發生這樣的情況……因此不該壓榨十多歲的青少年，而是應該盡力推動三十多歲的學者們，才能使科學得以發展。

我國教育制度非常容易造成大腦耗盡，因為從小就太過認真學習，導致大腦耗竭的情況相當多。金大植主張，早期教育或是菁英教育，從十多歲開始就不停壓榨孩子的腦，所以到了三十多歲就沒有什麼人還在念書了。青少年只要好好接受基礎教育，其餘時間本來就應該要充分玩耍與休息，可是大家都坐在書桌前埋頭苦讀。二十歲時，原本應該要決定自己的研究領域，正式開始鑽研，到了三十歲撰寫論文並獲得成果；但是我們的學生從十多歲就開始飽受升學考試的困擾，所以到了三十歲時，大腦已經非常疲乏，發出「沒辦法再繼續下去了」的訊號，當機了。也就是說，我們經常可以看到本來應該在學術界繼續發揮專長的人們，放棄了學者之路而尋找其他的工作，轉換跑道。

至於情緒勞動工作者感受到的情感耗盡，馬斯勒對其職業倦怠的定義是：「從事與人相關的工作、意即長時間與人緊密接觸者，經常會發生的情緒枯竭與譏諷症狀。」前面曾提及，職業倦怠的概念首次被提出，是觀察從事需要直接面對人群的工作者與出現在他們身上的症狀，而此形式的職業倦怠，就是情感耗盡。

情緒勞動是由美國社會學者亞莉・霍希爾德（Arlie Hochschild）[8]在《被管理的心：人類情感的商業化》（*The Managed Heart: Commer-*

8 Arlie Russell Hochschild, *The Managed Heart: Commercialization of Human Feeling*, Berkeley: University of California Press 1983.

cialization of Human Feeling）一書中首次提出的概念，指人們在工作上必須壓抑自己的情緒，演繹出特定情感之意。韓國勞動部表示，當必須要管理情緒的狀況超過日常工作時間的百分之五十以上，就屬於情緒勞動工作者，據推算，韓國約有五百六十萬至七百四十萬名此類型的工作者，約占全部勞動者的百分之三十一至四十一。其類型包含了無論在任何情況下，都必須要以親切態度面帶微笑的「積極性情緒勞動」（服務銷售工作等），還有必須抑制情緒來應對的「中立型情緒勞動」（賭場荷官、葬儀社等），以及必須保持果斷的語調與態度來面對的「負面情緒勞動」（調查員、保全警衛等），全都屬於情緒勞動工作者的範疇。

一般情緒勞動是指在販售商品或提供服務時，銷售員與客戶的互動，例如電話客服、空服員、酒店服務生、百貨公司銷售員等從事服務業的從業人員，也包括了長照中心的看護、幼教老師、負責處理民眾陳情的窗口等。但是在韓國，本應該以工作為主的職場，卻也要求在人際關係上過度的情緒勞動。現今輿論漸漸探討到服務業面臨的惡意投訴或遇到奧客等問題，因此情況有所好轉；但職場人際的情緒勞動卻很少被揭發，反而很多時候難以解決。

要求情緒勞動的職場。

韓國職場文化主要是混合了儒家的長幼尊卑觀念與軍隊式的上令下從，以男性化且僵化的文化為主。雖然最近工作職場氛圍變得較為民主化，但往往還是會因為最高決策者的一句話、上司的心情、公司內部的人際關係，進而對業務決策、組織營運或者人事產生相當大的影響。而且，工作標準浮動或責任歸屬不明確的狀況也相當多，造成直屬上司對後輩的影響力極大，在這種情況下，職位低或在公司內部影響力小的職員，就只能看上司或前輩的臉色，迎合他們的意見行事，否則在工作上就有可能刻意被忽略、缺乏學習機會，又或是被排除在重要的業務之外。懂得迎合上司的想法與善於應對進退的人，會被稱讚「很會察言觀色」、「擅長社會生活」，吹捧上司的氛圍依舊濃厚。當長幼尊卑和應對進退的文化進一步擴大，也會助長面對客戶或業務窗口時的情緒勞動。

即使主要業務不是接待顧客的上班族，也會因為要對應同事或上司的情緒勞動而感到疲倦不堪。二〇一六年十二月，某個就職網站以一千三百多名上班族為對象展開問卷調查，百分之六十六的受訪者認為「自己是情緒勞動工作者」，若將接受問卷調查者以職業類別來區分，從事業務工作或諮商型工作並回答「是」的有百分之八十以上，服務業者中也有百分之六十八的人回答「是」，然而在經營、行政、行銷等工作類型中，回答「是」的也高達百分之六十六，比例相對較高。以經營或行政事務工作為例，此工作性質較少需要應對客戶，這種情況的情緒勞動通常來自公司內部的人際關係。

若持續過度的情緒勞動，就會耗盡，因此以適時、適當的方式來舒緩壓力非常重要。可是實際上這樣的壓力該如何解決呢？在同樣的問卷調查中，「是否有對象可以坦誠表達自己在工作中的真實情緒，並且獲得安慰與鼓勵？」有百分之四十八的受訪者回答「能對家人或另一半表達」，百分之二十二的受訪者表示「會在公司內對上司、同事表露情緒」，百分之十一的受訪者表示「沒有能安慰自己的人」。這些無法舒緩的情緒以及壓力造成的耗盡，會進一步導致憂鬱症、恐慌症等各種與壓力相關的身心疾病。

什麼樣的職業容易導致倦怠呢？舉例來說，有勞工行政、社福人員、醫療業從業人員，特別是從事社會福利工作者被認為是職業倦怠的高危險群。社福人員在面對陳情民眾與服務對象時，必須付出相當大的情緒勞動：因為經常會遇到需要申請政府補助者，以及社會的弱勢族群，因此倫理責任更大、肩上的負擔也更重。如果持續接觸辛苦、困難、令人惋惜的情況，就算這是自己的工作，情緒上也會感到疲倦與悲傷。而且本來應該針對弱勢族群提供紓困或解決方案，但可能因為預算不足，或是體制上的限制等，使得執行上更為困難，此時社福人員可能就會產生「就算再怎麼努力，以我的權限也沒辦法幫助這些人」、「這個社會為什麼如此不合理」等心境，必須去處理因此產生的挫折感與憤怒。由於這些複雜的原因，社福人員往往有很嚴重的職業倦怠。

二〇一三年十一月，因社福人員接連自殺，國家人權委員會特別為此調查他們的工作狀態。針對兩千六百零五名社福人員的調查結果顯示，以十分為滿分，他們的人權保障水準平均只有五點六分，是相當低的分數。在維護自己健康、對抗暴力或迴避暴力的防範等方面都特別薄弱。

社會必須意識到這些社福人員的職業倦怠，同時申請社會福利者遇到公務人員時，也必須了解他們不單純只是提供服務的人，而是擁有人權的人，這是非常重要的。但是如果這些申請社會福利者，本身已經處於嚴重倦怠，因此在情緒上容易產生疲倦、譏諷、敏感、煩躁，難以進行合理的對話或妥協，真的能怪罪於他們嗎？這就是為什麼在討論情緒勞動者的困難與保護時，同時也必須討論整體社會的職業倦怠，以及強者要求弱者情緒勞動狀況的原因。我們可能既是需要福利保障的人、同時也有機會是提供者，有時候會是強者、有時也會是弱者，因為我們每個人都複雜又緊密地連結著。

不安與壓迫感引起職業倦怠。

「我很希望能得到眾人的肯定，我認為這是我的個性，如果稍微沒被認可，就很容易感到憂鬱，情緒起伏也很大。雖然性格如此，但這或許也是一種職業倦怠吧？」

我們容易因為工作壓力而感到脆弱，並產生職業倦怠的症狀，引發原因往往來自於不安與被壓迫感。有些人是因為個性上較為敏感，也有些人是因為社會氛圍而造成這樣的情緒。

讓我們更具體了解不安與被壓迫感吧。首先是預期性的不安感，是指預測和期待的心態造成情緒上的不穩定，例如明天有重要的考試或發表會，在發生之前就開始煩惱，心臟就開始加速了吧。到了考試或發表當天，肯定也會坐立難安。提前預測、擔心，讓不安感增強了兩、三倍。

雖然預先模擬（simulation）令人擔憂的情況是降低不安感的好方法，但是過度且反覆的模擬卻會誘發疲勞，特別是想像還沒有發生的事情的細節，這才是問題所在。「如果明天發表會時有人問奇怪的問題該怎麼辦？」、「如果不小心說錯話怎麼辦？」、「上台簡報時要用右手還是左手？」擔心這些發生機率小或是不重要的事情，就會過度消耗能量，彷彿已經發表過數次一樣，光是想像就令人疲倦；但是真正的發表甚至都還沒開始呢。

如果太過努力工作、全心全意投入其中，或是考試就近在眼前而感到不安，是否就會夢見正在工作、被上司責備、發表會、念書、考試的夢呢？負責的工作負擔太重，或是過度模擬尚未發生之事，內心的不安感就會無意識地出現在夢中。當做了這樣的夢，起床後會非常疲倦，在夢中已經把工作都處理完了，但是早上起床後卻要從頭再來一次，可以說是消耗了兩次能量。

處事完美的人也容易飽受不安的折磨，特別認為要獲得身邊人的關愛與肯定，自己必須得要完美無瑕，導致壓力沉重。每個人的生活都必須與他者接觸，自然而然會產生「認同需求」與「關愛需求」。「認同需求」顧名思義，是做某件事情時可獲得來自他人肯定的欲望。不只是被稱讚，也包含了「辛苦了」、「你已經盡到責任了」、「完美達成了」等認可。「關愛需求」則是渴望得到他人關愛的心情，想要聽到「喜歡你」等這類話語。

問題在於認為自己要得到認同與關愛，就必須事事達到完美的境地才行，把事情結果與這樣的需求結合，導致過於執著。其實做好自己負責的工作，只與認同需求有關，當工作表現得好，可以獲得上司認可，或者考試考得好、考取證照，本身僅是獲得身邊人的認同的一環；但是很多人在成長期時都經歷過「做得好會更疼你」這種「激勵式的關愛法」。我們會下意識地記住在學校考試時得到五十分、八十分或一百分時，父母不同的反應，他們的反應不僅只有「辛苦了」、「做得很棒喔」的肯定，還包括「我們〇〇考一百分，太喜歡你了」，這些行為會讓我們覺得若是事情做不好，不僅自己不滿意，還會失去身邊人們的認可，甚至會失去關愛。

回想一下我們什麼時候開始喜歡其他人，彼此關係變得更親密呢？不是因為那個人工作表現得好、或是能力很好，而是因為那個人和我個性很合得來、相處的時間充滿意義、聊得來、笑點相近、有共同討厭的人……難道不是這樣嗎？大家在交朋友時會按照成績來交朋友嗎？不可能會說

「你考第一名，你有資格當我的朋友」吧？可是因為小時候接受了這種結合認同需求與關愛需求的教育與稱讚，讓我們產生如果不夠模範、沒有照著社會期望，會連關愛也被剝奪的不安感，伴隨「失敗的話，就會被朋友輕視，我身邊就不會有朋友」的荒謬想法。我希望每個人都能記住，就算任何事情做得不夠完美，我們依然是充分有價值、值得被愛的人。

「非黑即白」也會造成壓迫感，這個邏輯特別與完美主義有關，認為所有事情「如果做不好就是壞事」。陷入這種邏輯的人會認為若事情無法完美處理，就乾脆不去做。當然，事情都能表現得好，那是最好的，但是現實不可能如此，不能因為我們無法完美做好某件事情，就連嘗試也不願意。不完美也沒關係，事情只要完成一半左右，就會累積相對應的結果與經驗。問題在於我們的社會只有第一名才會被大家記住，當然會產生所有事情都要完美的想法。

人們也對不知道是否會被排擠而感到不安，尤其是學生時期時，這樣的不安會造成更大的影響。有過被霸凌經驗的人，更容易有所連結。近幾年的校園，不僅充斥和朋友吵架或是合不來的情況，很多時候沒有特別的理由，卻輪流互相排擠。根本沒有原因，或者毫無來由就被排擠霸凌的學生也很多。在團體或學校裡，這樣的情況經常發生，人們會害怕被排除在共同體之外。

當這樣的恐懼加深，變得嚴重，就會產生如果自己無法熟練或是完美地達成事項就會被排擠的不安感。一旦深陷，無論情況多不合理，也很難與之對抗。但是，成績不好、事情做得不好，就理所當然會被排擠嗎？絕非如此，只是人們很容易陷入這種邏輯，有時甚至會想像在學校或公司裡，別人似乎背著自己講些自己不知道的事情。當我們無意識產生這種感覺，便會為了克服不安而過度投入念書或工作。

每個人的確會因為天生的個性或氣質，感受到不同程度的社會壓迫感。例如，韓國的座右銘不是「迅速確實」嗎？有些人的性格比較慢半拍或慎重，而當他生活在一個要求迅速確實的社會，這樣的氣質會變為缺點，聽到「雖然你動作慢，但還滿細心的嘛」這類不知道是諷刺還是稱讚的話（或「雖然你不漂亮，但還挺可愛的嘛」），會因此產生「我還不夠好，必須做得更徹底」的想法。這是一種自我保護。而當情況變得嚴重，人會變成強迫自己必須準確。本來動作就慢了，但因為想要迅速確實，有時候可能無法完成工作，變得焦躁不安，或是厭惡起工作本身。

各式各樣導致工作壓力的原因。

我們什麼時候會有身心具疲的感覺呢？各位什麼時候會覺得徹底筋疲力竭呢？厭倦過多的工作量，覺得連恢復的力氣都沒有時，會認為這是職業倦怠嗎？儘管一般認為職業倦怠應該是因為過多的工作量導致的，但也有可能不是因為「工作」本身。

首先，對工作的高標準要求是導致職業倦怠最大的原因，尤其是所謂的頂尖人才，即工作表現出色的這些人，更容易陷入職業倦怠之中。上司總是會將任務率先交付給工作表現好又態度佳的員工，而優秀的員工也會毫不推委地接下工作，所以不管員工怎麼做，事情都不會減少，做著做著不管是身體還是心理都會感到疲倦，下班後也沒辦法多花心思在家人、朋友或伴侶等親近人的身上，繼續這樣的話，最終很容易在體力、精神方面到達極限而倒下。

雖然工作量太大也是個問題，但更重要的是承擔了多少工作責任，自己負責的職務、承擔的範圍到哪裡，很多時候都是模糊不清的。有些公司根本不告知業務範圍。要做的事情太多，責任範圍卻不明確的話，當然會覺得相當痛苦。

過度廣泛的工作範圍也會導致職業倦怠，特別是實習生或新進職員經常遇到這樣的問題，公司希望新進員工能夠迅速掌握所有業務，但實際上非常困難。他們往往一整天忙得不可開交，卻不知道自己到底在做些什麼。即使再忙、再累，如果能有成就感的話，或許還能撐得下去；但若是如同工廠零件或是資源一樣，被到處叫來叫去，處理各式各樣的業務，不僅無法掌握職務內容，只會備感壓力。公司不去考慮一個人的執行力、或是他能執行的業務範圍，便逕行分配工作，甚至是不考慮當下狀況就下指導棋，才會造成這樣的事情發生。

上司過分控制也是問題，如果上司事事都要干涉，不僅會剝奪員工的自主性，就連從失敗中學習成長的機會全都被剝奪了。當然重要的工作必須要和上司與同事一起確認，但是獨自一人可以做到的事，也要一一受到上司的確認與干涉，那麼這個人就很難有嘗試錯誤的經驗。過度的掌控會損害個人的自主性，自然而然也會讓人產生「主管不信任我嗎」的想法，甚至失去自尊心。

沒有決策權也會讓人感到疲勞。自己負責的職務有獨立解決的權限，在承擔責任的同時，也可以得到成果，並且享受相對應的收穫，這樣的工作才會讓人感到有意義。無論再累、再疲倦，只要做出令人滿意的成果就行；或者就算是失敗，在自己工作上可以掌控的範圍內盡全力，也可以從中汲取教訓。

以工業心理學（industrial psychology）而言，在工作中感到效率極佳被稱為「工作旺盛感」（thriving at work），如果有工作旺盛感的話，就可以抵銷部分心理上的耗盡。可是韓國的組織結構很難感受到工作旺盛感，只要是上司交代的事情，不管自己的意見為何都必須執行，而且事情進行順利的話，功勞被上司搶走的情況也很多。實際執行工作的人無法獲得成就，或找不到減少耗盡的契機，感覺被視為附屬品，就會產生「我有必要這麼辛苦地工作嗎」的念頭。在掌控權或決定權受到限制的情況下，很容易與周邊的人產生摩擦或內在矛盾，這種情況本身也是導致職業倦怠的原因。

另外導致職務壓力的環境因素是什麼呢？業務沒有獲得相對應的報酬也是問題。試著想想看，一周每天都要工作十二個小時，但卻沒有相對的加班費；誠心誠意地接待顧客，卻連一句「辛苦了」的問候都沒有時；與同樣職務、做類似工作的同事比起來，我的薪水卻低很多時，像這樣得不到適當的報酬，就很容易導致職業倦怠。

在推動工作時，難免會和團隊或公司的想法不同，但還是得看上司的臉色，做自己不願意做的事，當公司或上司和自己的價值觀對立時，也會造成很大的壓力。與之相似，團隊裡存在著不合、工作分配不平等、想要發展的方向與業務內容有所衝突、周圍同事的支援不足等，全都是誘發有害壓力反應以及導致職業倦怠的原因。

與此相反的概念有「工作涉入」（job involvement）一詞，在工作上不被冷落、有適度參與空間時所使用的詞彙，也就是說保障員工在業務上的自主性、可以表達個人意見、有同事支持，可以彼此交流溝通、或是在情感上有所支持，都可以預防職業倦怠或是減緩職業倦怠的症狀發生。

當身體與心理消耗殆盡時，我們會不自覺地採取防禦姿態。各位是否有過在工作時，不知不覺中以不好的口氣頂撞對方，或是無意間說出讓人不愉快的話呢？是不是總以不帶感情的方式回應說廢話的老闆，或者想辦法無視說冷笑話的主管？剛開始工作時的熱情逐漸消失，也不在意成果的好與壞了，只想尋找扛最少責任的方法。

尤其是情緒能量不足時，很容易會忘記對方也是個人，也會有他的情緒與感受。如果曾經因為太過疲倦而沒顧慮到他人心情的話，那並不是你的錯，也不是你自私，是因為過度的情緒耗盡，在不知不覺間阻斷了自己的感受，這是身體為了保護自己的反應。而當感到自己真的要倒下時，往往往得靠著「沒辦法再顧慮別人」的想法，才能勉強堅持下去。

我們偶爾會遇到用非常機械式態度應對我們的工作人員，尤其是服務業者。說不定他們也陷入職業倦怠的狀態中。「如果還要更多情緒勞動，我就會倒下了吧。」於是把對方當成另一個不需要情感投入的個體看待，自然就不可能親切應對了。當然也有可能本來就是一個缺乏責任感或能量不足的職員；但如果平時不是這樣的人，卻發生了明顯的變化，就請注意這個人是不是耗盡了。

如果沒辦法立刻辭職的話。

印度哲學家克里希那穆提（Jiddu Krishnamurti）曾說過，「在一個病態的社會適應良好，稱不上真正的健康。」職業倦怠不是起因於個人的脆弱，而是工作或社會環境造成。在面臨職業倦怠時，為了消除問題的根本原因，比起我自己，反而是我們身處的部門、公司、或是這個行業，應該要有所變化才行。

越是了解職業倦怠，就越會有這樣的苦惱，為了改變環境，究竟能做些什麼事情呢？

第一，當職場上的主管或業界氣氛就要讓自己陷入職業倦怠時，直接告訴上司，請上司調整業務，如果有必要的話，就請病假吧（「這方法太扯了，就算開得了口，也不知道會不會被接受，肯定會因為這種事情被盯上吧。其他同事又會投以怎樣的眼光。」）。第二，部門會議安排的各項企畫行程都相當緊湊，大部分的同事也都很疲憊，長此以往對公司也是損害，可以建議部門調整行程（「這個更不可能，主管會氣到昏倒吧？更何況要怎麼對客戶交代？」）。第三，因為繼續待在現在的部門會引發嚴重的職業倦怠，要求調換部門（「即使可以要求調換部門，但是立即調動的可能性很低，而且如果新部門的氣氛也很糟糕的話，又該如何是好？」）。第四，籌組工會，或是在工會中促進預防職業倦怠的勞資規定或協議（「雖然這是正確的解決方法，但誰會這麼積極地去推動？」）。第五，在同行聚集的網站上，寫下批判公司的文章，促使公司變化（「雖然蠻有意義的，但如果被發現文章是我寫的？連想都不敢想……」）。

即使試著想出各種解決方法，但在韓國這麼重視階級又僵化的社會裡，要實際執行這些內容，都得抱持著辭職或承受強烈責難的覺悟，完全不是件容易的事。那麼我們明知自己就要陷入職業倦怠，卻絲毫沒有辦法嗎？難道想要繼續工作，即使是在不合理的環境也要死心，只能兄弟登山、各自努力嗎？只能靠休假、培養興趣愛好、針對自己的狀況去諮商或是就醫等這些以個人為出發點的消極方式解決？哪怕是一點點喘息的時間，或是想要爭取工作與生活的平衡，這難道是太過奢求的願望嗎？在提倡新自由主義、全球化、效率最大化，同時去人性化的競爭社會之前，勞動者想要健康、悠閒地工作與生活，成為了既無力又過於理想化的願望。

仔細想想，我們不是早就經歷過類似的情緒了嗎？我指的是學生時期，因為成績是最重要的，所以壓抑了其他方面的需求，也將精神健康與幸福向後推延，拚死也要努力到最後一刻：一定要考上、一定要合格、一定要得獎、一定要就業……不管再怎麼喊累、心情憂鬱、表達抗議，我們的父母、老師、甚至是社會都只是說，「不然能怎麼辦呢？這個世界本來就是這樣，」不願意傾聽我們的心聲。要求我們不要對社會制度提出質疑，只能閉上嘴巴，努力讓自己符合這些沉重困難的標準，這樣才能在這個競爭社會中存活下來。辛辛苦苦好不容易畢業，找到工作、進入職場，工作卻又成了問題。啊，真的是太厭倦這一切了。社會改變得了嗎？還是想要改變社會這個想法本身就是不妥的呢？

這種疲憊與譏諷的思考心態，本身就是對社會與職場環境的職業倦怠。而且回顧職業倦怠產生的時間，可以追溯至學生時期，甚或是更早之前。儘管我們的教育制度已相當穩定且優秀，但另一方面卻要我們符合舊時代的觀念，強迫我們成為順應團體的一員，所有人都要相互競爭，竭盡全力以提高生產效率。在這樣的教育體制下長大的我們，很容易逼迫自己一直工作，直到倒下的前一刻為止。

一群人聚集在一起建立一套系統，但是系統卻不傾聽從屬者的需求與情緒的話，我們就會消耗殆盡，採取譏諷負面的態度。當我們很難感受到個人擁有發言權或影響力，最後就算知道以個人為出發點來應對職業倦怠的方法，但就連嘗試的意願都沒有了。

希望各位不要因為工作壓力而導致身心難以恢復，好好照顧自己，不要讓自己過於精疲力盡，也千萬不要認為問題的根源是自己太脆弱。如果可以，最好調整工時或工作環境，以防止過勞，並提出變更規則的建議，能在更好的環境下工作。而且對於引起職業倦怠的罪魁禍首「慫恿過勞的社會」、以及只強調表面效率的企業與管理階層，繼續提出批判性的建議。除此之外，也和同事多聊聊。在韓國職場文化中，要對公司或主管直接表達不滿或是要求改變是很困難的事，但是我認為，如果將「這是不對的」問題意識聚集在一起，職場氣氛也會逐漸改變，最終也會使這個社會有所改變。

為了能應對公司或社會這些去人性化的要求，首先我們不要被錯誤的要求與框架所壓抑，而是要理直氣壯地好好照顧自己，帶著「原來在你們眼裡，只有數字跟業績才是最重要的，一點也不在意員工的健康或是心理；但是對我來說，我的健康與幸福才是更重要的」的心態，好好照顧自己。

同時，我希望向職場與社會傳達：在一個人失去恢復力前，強迫他過度工作的社會是錯誤的。我們不是要按照小時候被教導、職場和社會所要求的來行動，而是要按照自己的感覺與願望，去說話、行動，這樣的舉動，可能會成為解決我們譏諷與無力感的解毒劑，是擺脫職業倦怠能跨出的第一步。

給或許正看著這篇文章的主管們。

最近在社群網站上看到以大學生為對象的招募海報上，大大寫著「意志力也是一種證照」，我感到很大的衝擊。大學生已經為了要滿足韓國社會要求的GPA（學業成績平均點數）四分[9]，多益九百分，越多越好的

9 編註：有別於國外，台灣採取的是0－100分的百分點制，不過仍有一個簡單的換算標準：

4點	80－100分
3點	70－79分
2點	60－69分
1點	50－59分
0點	49分以下

證照等高標準而忙得不可開交了，但是這句文案卻讓人有「只有這樣怎麼行？精神健康要怎麼辦？連這個也得兼顧，才有可能在這激烈的競爭之中生存下來」的感覺。

在最近新創產業的招聘廣告中，也可以看到「不會職業倦怠，具有良好恢復彈性的人」的徵人條件。這跟前面提到的海報讓我有一樣的感受，年輕人在激烈廝殺的競爭中，為了滿足學經歷、眾多證照的要求，在開始工作前就已經陷入倦怠了；但是讓他們陷入這樣處境的企業與社會，卻希望年輕人擁有不會陷入職業倦怠的「意志力」，這難道不是既矛盾又殘酷嗎？

當然，不是完全無法理解企業或是管理者的立場。前文提到的學者馬斯勒表示，職業倦怠不僅會影響到員工的生產力，還會影響團隊工作的成果，危害整體職場氣氛。根據美國心理學會（American Psychological

Association，簡稱APA）的調查顯示，比起沒有職業倦怠的員工，飽受此困擾的員工辭職尋找其他工作的可能性高出二點六倍，請病假的可能性高了百分之六十三，去急診室的可能性也增加了百分之二十三。在這種情況之下，還要在全世界普遍低迷的經濟成長中生存，因此更需要有能力且健康的人才。

但是（請仔細聽清楚），不管選用意志再怎麼堅定的人才，也很難從根本阻擋職業倦怠。想要預防職業倦怠，理所當然必須從根本原因改善，因為其原因不在於個人，而在於組織。從引起工作壓力的諸多原因來看，可以明確地發現，職業倦怠的確起因於公司及組織。身為臨床醫師，我可以談論個人要如何在這職業倦怠時代中生存；但是事實上，預防與治療職業倦怠的主要重點還是職場與組織，因此組長級以上的主管、CEO、人事主管，哪怕只有一個人，也希望有人能認真考慮這個問題的嚴重性。

二〇一九年十一月的一場訪問中，馬斯勒提到了煤礦裡的金絲雀的故事。從前的礦工如果要進入礦坑深處時，會帶著金絲雀一起去，因為金絲雀對氧氣相當敏感，也比人類脆弱，所以當金絲雀停止歌唱或死去時，就代表此地不宜久留，礦工們必須趕緊離開。在進入礦山之前都還很健康的金絲雀，進去之後不再歌唱或死亡，難道會有人說「金絲雀怎麼那麼脆弱」嗎？不會的，沒有人會這樣說，因為答案非常明顯，問題不在金絲雀，而是礦坑的環境啊。

我們正從錯誤的角度攻擊問題。對於世界衛生組織將職業倦怠歸類為導致疾病的危險因子，馬斯勒表示憂慮，「當世界衛生組織將職業倦怠歸類為疾病，會讓人產生問題根源不在於公司，而是個人的錯覺。」當職業倦怠成為疾病，人們就會認為生病的人應該接受治療，也很容易會認為問題不在環境、也非雇主或組織的責任，而是他這個人。

我們不該把員工精力耗盡的責任單純歸咎於個人，而是應該向組織追究原因。身為主管或老闆，請捫心自問，是什麼原因讓職員不健康？為什麼現在的職場環境會讓他們消耗殆盡？又該如何才能保護每天在這裡工作的人？

觀察員工的工作環境與條件，仔細檢查數據，此外，最重要的是請向員工提出幾個問題：他們在公司時因為哪些事情而感到挫折？什麼樣的情況會激勵他們？並請傾聽他們的答案。領導者與主管對工作環境正確認知與改善，可以減輕員工的壓力。

以公司的角度而言，為了讓一個人能恢復彈性，提供瑜伽、冥想、諮商等支援當然是相當值得肯定的，但最重要的是要改善不合理且不受控的工作環境與組織結構，因為這才是造成職業倦怠的根本原因。請讓員工感受到公司正在改變。

馬斯勒強調，「職業倦怠的原因不在個人，而是組織，只有透過CEO和管理階層的改變，才能從初期階段開始預防。」許多人每天有三分之一以上的時間是在職場中度過，請記住，領導者的思考與溝通可以使大家的生活變得更美好。

千禧世代，職業倦怠的世代。

美國新聞網站BuzzFeed在二〇一九年一月刊登了一篇標題為〈千禧世代是如何成為職業倦怠世代〉的報導[10]，可能因為二〇一九年是「職業倦怠之年」，所以才會有這篇文章的誕生。針對千禧世代為何成為職業倦怠的世代，記者提出以下幾項依據。

10 "How Millennials Became the Burnout Generation." *BuzzFeed News* 2019. 1. 5.

相較前幾個世代，千禧世代對於工作的優先順序模糊，沒有太大幫助的事、感受不到熱情的事，相對不願意去做。與之相反的，對工作、對個人有幫助的事、喜歡的事就會充滿熱情。儘管只做喜歡的事情很棒，但是隨著必須要做的事情增加，「待辦事項」也不斷增加，為了要刪去待辦事項的數量，在醒著的時間裡，會不斷內化「什麼才是我必須要做的」的想法。

記者主張千禧世代從小就在嬰兒潮世代的嚴格管理監督下成長，被教育為優秀的勞動者。然而競爭逐漸變得激烈，不安感也隨之增高，社會也改變了。一九九七年亞洲金融風暴、或二〇〇七年美國的次貸風暴之後，產業結構也有大幅的轉變，工作機會變得兩極化，非正職的工作增加，世代、階級間的不平等也趨之嚴重，生存困難、競爭也更加激烈，所以這個世代會認為必須要不斷努力才行。即使知道體制的要求既不合理也不平等，但卻無法推翻體制本身。

悲傷的現象總是不斷持續，當我們從事休閒活動（好的）時，會變得不安；但當我們過勞（壞的）時，傾注過度的能量，卻會感到滿足。舉例來說，與朋友、情人見面閒聊，共度美好時光，既可以消除疲勞，心情也跟著變好，可是彼此分開後回到家中，卻又開始憂鬱，因為好像玩耍是在浪費時間，沒有處理其他重要事情的不安感隨之湧上。相反的，念書或是過度操勞時，雖然很辛苦，但是等到這些辛苦的事都做完了，反而心情很好，似乎從中獲得成就感。這種現象如果變得嚴重，就會一刻也無法休息，因為只要一休息心情就會變差。在此情況下，很容易造成我們身體的壓力管理系統或情感調節系統故障。

想戒卻戒不掉的社群網站，也是束縛千禧世代的一大問題，透過網路享受與其他人連結有很多優點，但肯定也有許多令人感到痛苦之處，為了要展現自己的生活充滿價值與熱忱，有時會感到疲倦，看到別人洋溢幸福，有時也會覺得痛苦，不懂社群網站上的人們為什麼總是能去華麗的餐廳，吃著美味的食物，好像只有我寒酸地被困在家裡。

社群網站讓每個人各自的人生變得特別，儘管分享自己的故事有好處，但有時候也會成為負擔。利用社群網站將作為勞動者的自己品牌化、或作為打入市場的手段，有時候讓生活與工作無法完全分離。這麼一來，自然而然也會感受到一種壓力，彷彿也得把自己塑造成某種完整的、具有販賣價值的、品牌化的商品呈現在眾人眼前。再加上各式各樣應用程式的提醒，以及不停收到的郵件，也會妨礙休息時間。

效率至上主義釀成的悲劇。

「幾年前我在當自由工作者時，接案的工作量一度達到高峰，一刻也無法休息，幾個月以來只是不停地工作。不僅是平日全都在作業，就連周末也都抽時間工作，如果空閒下來的話，還去找些兼職來填滿。我以為這是有效利用自己時間的方法，結果在某一瞬間，能量降到『零』，沒電之後什麼都做不了，被迫放下一切，感覺自己彷彿被燃燒殆盡。」

有效率地處理事情的確很重要，我們會考慮CP值，確認每小時工資是否合理，但如果過度考慮數值或數據，很容易陷入「效率至上主義」。

要實現某個目標時，整體過程都必須要有效率，但若總是抱持著這樣的想法，就很難開始著手任何事情，如果被「從現在開始，在這件事上，我絕對不能有任何失誤」、「絕對不能有錯」、「不要讓自己後悔」的想法所束縛，甚至會認為不如不要開始。這種想法本身就會引發疲倦。過多的算計與想法，對我們身體或情緒都會有影響。

請不要對自己過於嚴苛，也請不要以過高的標準不斷地逼迫自己。我們可以將自我分成兩部分：現在正體驗事物的經驗自我（experiencing ego），以及退一步觀察自己的觀察自我（observing ego），帶著「我現在表現得好嗎」、「臉上有沒有沾到東西」、「大家的注意力集中在我身上嗎」的想法，自我觀察與審視自己。

不管是誰都需要自我審視。過了一段時間後，就會發現回顧過去一天，對許多方面都有幫助；只不過自我審視應該是事情結束、從投入狀態中脫離之後才去實踐，如果不能做到的話，只會成為監視自己的監視器，二十四小時隨時自我檢視而成為問題。一旦長時間持續這樣的自我監視，或是檢視過度，就會變得時時刻刻都在考試。有個評審委員每天都在評價我，而那評審委員就是自己，怎麼甩都甩不掉。

假如過度使用觀察自我，便很難投入精力在經驗自我上，無法確實地感受當時的情緒。因為每當做任何事情，總會想著自己做得好不好。讓我們試著想像喜歡的人正坐在你的對面，就很容易理解這種現象了：明明正和對方聊天，可是因為一心只想著要好好表現，有時候根本不知道彼此在聊什麼吧，因為一直在思考「現在我的表情如何」、「剛才回答得好嗎」、「氣氛會不會很奇怪」，所以記不清楚對話是否愉快、餐點是否美味。過度使用觀察自我，不僅容易變得憂鬱，對自己、對他人也都會變得敏感或嚴苛。

對於人類來說，獨處的時間是相當重要的，可是韓國因為受到集體主義的影響，個人時間不足是不爭的事實；問題是，即使是獨處的時間也會受到社會壓力，就算獨自一人，也不斷自我檢視著。每天、每小時、每瞬間都在自我評價，「我今天有好好運用時間嗎」、「早上有準時起床嗎」、「有按時去圖書館嗎」、「寫了幾頁多益題庫」、「運動了嗎」、「午餐吃了多少卡路里」、「下午行程安排好了嗎」、「晚上幾點睡覺」，就這樣一整天就像是連續考試、不斷評價、每刻都在給自己打分數，拿到低分就會變得憂鬱、自我懷疑，在心中批判自己，消耗能量。

雖然完全不評價自己是不可能的，但是重要的是在一定程度上設定界線。我們不可能為了要逃避壓力或疲勞，就什麼也不去努力、或不設目標地生活；但我們必須得認知所有事情都有可能會失敗，而我們得懷抱著失敗繼續生活。

工廠製作產品時，如果需要一百個，就會製作一百零五個至一百一十個，因為可能會有不良品，也有可能數錯數量，也就是在目標數值上可能會出現百分之五到十左右的誤差。機器都這樣了，更何況是人類。我們需要這種態度來承認事情會出錯、可能會做得不完美，然後讓事情隨風而去。設定寬裕的標準線，適當維持在那個標準就好了。如果設定標準線，嘗試後卻失敗的話，檢查一下標準是否過高，有時候也需要重新調整標準、或是調整目標、或者把目標期限延長，最重要的是只要使用百分之七十到八十的精力，不要讓自己完全精疲力竭，剩下的力氣必須優先分配在休息，也就是再充電。

當然，我們的確生活在就算消耗了百分之百的精力、燃燒殆盡後也很難殺出一條生路的世界，但是如果將精力用到一丁點都不剩，那麼當我們生病、痛苦、疲倦時，又有誰會來照顧我們呢？每個人都需要足夠照顧自己的時間與態度，以免自己倒下。

消耗殆盡的環境，持續不斷壓榨的自我。

各位何時感到自己消耗殆盡呢？雖然有些人特別容易感到耗盡，但這不是個人問題，大部分是社會的責任，因為我們一直生活在被評價、被排名的環境裡，所以會認為所有事情都要競爭。因為大學有排名，所以入學考試競爭激烈，最近就連中學、小學，甚至幼兒園都有入學考試。企業也有排名順序，甚至工作的單位也有排序。另外，在很多選秀或生存競賽的綜藝節目發表新曲的話，第一周就必須要進入音樂排行榜前一百名才行。

我們在什麼環境中會消耗殆盡呢？社會往往是耗盡的主因。不僅是世代間的差距，機會不足且經濟低迷的社會也是問題。在這樣的情況中，競爭更加激烈而加速了耗盡的速度。

生活在這個重視生產力的社會，也會加深工作的強迫性，更容易導致耗盡。周末不休息總是找事做的人，與其說是非常勤勞，不如說是飽受生產力競爭的折磨。這種強迫還會催生出「計畫專家」，過度的計畫反而會助長耗盡感。不安感比他人強烈的人、或缺乏自信心的人，也很容易感到耗盡。

社會整體的氛圍也相當重要。低性別敏感度或低人權敏感度的社會，會產生很多厭惡、不平等、歧視的現象，導致人們疲憊不堪。看著最近滿滿的負面新聞，很多時候是否也感到疲倦呢？特別是年輕世代在這種社會氛圍中承受著巨大的壓力。

對女性而言，在家庭中很常被分配到需要照顧勞動或情緒勞動的角色。韓國的家庭關係非常緊密，甚至共享彼此的欲望與需求，子女要負責父母的養老生活、或者父母出面決定子女的未來等，案例多不可數。有時候本來應屬於社會負擔的範圍，卻也轉嫁到家庭責任上，而這些問題又會造成個人沉重的壓力。尤其是主要照顧者，對於長久以來照顧子女所付出的心力，會期待著相對應的補償，但是子女一代難以全部加以回報。在韓國，很難明確遵守這條界線。

請試想，當看著我們陷入職業倦怠、工作不順利、傷心難過的模樣，父母也跟著哀聲嘆氣，有的父母可能會說，「實在太丟臉了，沒辦法去同學會了。」有的會說，「某某的女兒，某某某的兒子現在在大企業上班，還送父母去旅行呢，你做了什麼？」拿自己的孩子與他人比較。父母那些輕易吐露的話語，像根針般猛力刺進子女的胸口，當結婚生子也成為比較和成就與否的判斷標準，這一切都很容易讓人感到疲倦與自責。父母辛苦地養育我們長大，自己似乎沒有盡到子女的責任，認為自己很不孝。

像這樣，在現代社會中，每個人都擁有各式各樣的身分，並且被要求於公於私都要能完美扮演其角色。例如，在職場中，要成為善於自我宣傳、懂得迎合上司、業績好，同時還懂得細心理財的完美職員，如果這一切全都做到了，或許非常理想，但是怎麼可能在所有領域都表現得完美無瑕呢？如果這種強迫感持續下去，終究會精疲力竭的。

想要追求一定程度的成就感是理所當然的，但是承受超出必要範圍的巨大壓力，導致工作不順、還持續壓榨自己時，就會成為問題。「想要成績優秀」的想法本身沒有問題，問題在於「如果功課不好就會落後他人」的想法讓我們過於不安。遺憾的是，我們的社會總是讓我們像後者一樣思考。

當我們的身體亮紅燈。

「因為工作，肩膀覺得痠痛，脖子也很僵硬，全身上下經常覺得這裡痛那裡疼，消化也不好。應該是因為我是內勤，一整天都坐著，所以才會不舒服。其他人不也都跟我一樣身體不適嗎？」

如果只看身體症狀的話，職業倦怠與慢性疲勞症候群（chronic fatigue syndrome，簡稱CFS），幾乎一模一樣，除了造成的原因是否為工作以外，其他都相同。當我診療特別多的日子，即使結束工作回到家後，也仍想大喊：「明明回到家了，但還是想回家！」各位想必可以體會這是什麼心情吧？因為疲勞完全沒有紓解，而是繼續累積，所以就算回到家後還是很想「回家」。職業倦怠的症狀就包含這樣的疲勞感，不是心情好的疲勞感、或因成就感帶來的喜悅，而是不斷累積又累積的慢性疲勞。

不斷累積疲倦的話，會影響情緒，容易不耐煩，同時也會變得敏感，或是因為太過於疲倦而喪失精力，就連笑的力量也沒有。和許久不見的朋友們相約，即使聽到有趣的話題，當其他朋友們大笑時，飽受慢性疲勞的人卻只能「哈哈哈……」地乾笑。這些連笑都沒力氣的人，遠比我們想像中還要多，即便看著自己喜歡的電影或電視劇，如果以前的感動有到十分，精疲力竭之後只會感受到五分，或是也有可能會完全失去興趣。

這樣的人在開始任何新事物時，都會感到舉步維艱，因為開始一件事情往往需要最多能量。舉例來說，拖曳沉重的物體，剛開始需要耗費較大的力氣，一旦開始拖動後，就會產生摩擦力，需要的能量也會減少。我們的身體也是一樣，因為一開始很難使力，所以要開始一件新的事情當然很累。為了轉換心情出去散步似乎是不錯的選擇，但是沒辦法走到玄關去穿鞋子；如果有人幫忙穿鞋，拉出家門外，或許還有可能去散步，可是總不可能每次都有人幫忙。要開始做紓解壓力的活動，本身就很困難，所以疲倦也就更難消除，只能繼續累積下去。

疲勞不斷累積的話，就會喪失主導性與積極性，想嘗試新事物的心態也會跟著消失，很難向別人提議要一起做些什麼，也不想和朋友相約，也會迴避任何積極的答案。

當習慣性行為變得過度也屬於職業倦怠的症狀。這個詞乍聽之下可能很難理解，舉例來說，每天花五個小時在社群媒體上也屬於這個範疇。又或者為了消除壓力產生補償心態而暴飲暴食，也有可能大量抽菸，沉迷於逛網頁、玩電動、網路購物等，休閒本身不是問題，真正的問題在於這種習慣性行為無法在本質上消除疲勞。

最近大家常玩的手機遊戲中，有個農場種植的遊戲，這種遊戲能夠馬上看到成果，只要努力點擊，就能挖南瓜、開工廠，還能賺取金幣，在遊戲裡還能買車、買房、買地。遊戲取得成果相對容易，雖然感覺像是填補了補償心理，但對舒緩壓力沒有太大的實質幫助。

能夠消除壓力的方法，有被動的方式、也有積極的方式，雖然積極的減壓方法比較難實踐，但是效率要來得好很多。儘管很難邁出第一步，但爬山回來後心情也會變得舒暢，和朋友見面聊聊天後心情也會變好；可是身心具疲到極限的人們，要起身外出本來就很困難，所以只能尋找被動的紓壓方法，也因此只能舒緩一小部分的壓力，而讓壓力不斷持續累積。

工作一直在腦海中揮之不去，也會累積壓力。這種情況下與他人對話時，可能會有困難：和別人聊天時，總是會想起在公司裡發生的事情，和朋友談話時，腦海中也會一直縈繞著必須執行的工作，而無法集中精神在彼此的對話上。不是故意要逃避對話，而是真的難以聚焦。

嚴重的情況，就算假日或休假在家，也會繼續想著工作、去旅行也會想到工作，沒辦法好好休息。有時會突然想要確認郵件或是工作簡訊，就算在休假，也並非不得不處理的情況，但依舊如此，像這樣工作與休息無法明確區分的話，負擔感就會加重。認為要把該做的事情做完再休息、與認為所有事情都必須完美處理，所以在休假期間繼續工作，兩者是不同的。

有些人對工作、公司、同事產生排斥感、負擔感、嚴重的厭惡感，因此周一症候群也會變得嚴重。上班時，隨著離公司越來越近，心情會越來越沉重低落，有時在辦公室門前也會感到極度緊張。

雖然與疲倦很類似，但是症狀稍有不同。如果問下班後回家做什麼，有些人會回答就只是躺著。當無力感越來越嚴重，對於聚會或約會也會抱持否定的態度，就連獨自去運動的欲望都沒有，也不會想培養興趣愛好、散步，也不想試圖聯繫身旁的人，如果這種症狀持續下去，就會精疲力盡到完全沒電的狀態。

除此之外，身體也會有狀況：飽受不明原因的頭痛困擾，或是晚上難以入睡。頭痛、失眠、過度睡眠、或者睡眠節奏障礙，都是典型的職業倦怠的身體症狀。

一般最理想的睡眠節奏是晚上十一點入睡，睡眠時間維持七至八個小時。勉強自己工作，或工作到深夜的人很難維持這種理想的睡眠節奏。例如有的人是凌晨四點入睡，中午十二點起床，睡眠時間往後推延，睡眠相位同樣也是後移的。可是像這樣睡眠相位延遲的話，我們的身體會感到無比的疲倦。只有在沒有光線與噪音妨礙的深夜裡入睡，人體肌肉才會鬆弛，產生好的賀爾蒙。做不到的話，身體就會超出負擔。即使同樣睡八小時，根據睡眠時間不同，疲勞紓解程度也會不同。另外，過度疲勞或是過於集中精神工作後，緊張感會上升，所以更難入睡；大腦裡的複雜思緒需要一段時間才能沉澱，很難馬上入睡，造成睡眠相位延遲或是失眠。

另外，也可能會出現頭痛、慢性疼痛等症狀，還有腹痛、或食欲不振或消化不良等。有的人不是一緊張或壓力大就會常跑廁所嗎？便祕或腹瀉等腸道症狀、或是腸躁症等，都是職業倦怠症的身體症狀之一。

體溫調節障礙也是症狀之一。可能會因此低燒。就算體溫正常，也會覺得發燒或發冷，或渾身痠痛。真的因為發燒去醫院，但做了很多檢查也找不出原因，這種心因性發燒（psychogenic fever），不是因為其他原因，而是因為壓力讓體溫稍微上升。

身體免疫系統也會變得混亂，很容易因病毒而感染，或是過敏，也會出現一些小小的發炎，或原有的症狀惡化，比如口腔炎一直無法癒合、感冒等小病也會頻繁地發生等，這些都是身體對我們發出的危險信號。

◎壓力對身體造成的影響

現在，讓我們從生理學、心理學、社會學三個因素切入，討論一個人的精神與身體健康的關聯。首先，天生的基因讓我們每個人的體質都不同，在遺傳上各有強弱，個人免疫系統或對感染的反應等生理因素，會影響到精神與身體。心理因素則主要是由壓力所引起，包括壓力也會影響到隨著成長過程自然形成的性向、個性、對健康的注重，以及對疾病的反應等。社會學的因素則包括當自己生病時，身邊的人是否會給予協助，對疲倦狀態有什麼反應，以及大眾接受健康教育的完整性等。當然環境很重要、有醫療後盾也很重要，在以上種種因素交錯之下，形塑了我們個人的健康。

壓力如字面上所展現的，就是一種刺激，無論是好是壞，全都被稱為壓力。因此也區分為良性壓力（eustress）及劣質壓力（distress）[11]。比如雖然並非壞事，但相對令人感到緊張的新事物，像是戀愛或入學等，這些都是壓力的一種。當然和心愛的人分手、在某些事情上失敗了、或者被別人指責批評等，這些也全都是壓力。

當受到壓力時，我們身體就會為了應對壓力而改變機制。匈牙利籍的內分泌學者漢斯．塞利（Hans Selye），曾經提出一般適應症候群理論（General Adaptation Syndrome，簡稱GAS），將身體應對壓力的方式大致分成「警報—抵抗—耗竭」三大階段。當我們面對沉重壓力時，身體會轉換成非常狀態：第一階段對我們的身體發出警告，分泌促腎上腺皮質素的壓力賀爾蒙，如此一來呼吸與心跳會加快、肌肉緊繃，也會引起其他的生理變化。雖然消耗了極大的能量，但是也可以讓身體快速調整成應對壓力的狀態。

接著，一面消耗能量，同時慢慢進入可以應對壓力的抵抗階段，這是人類面對壓力時生理機能達到最巔峰的時期，此階段會解決壓力源頭，積極應對壓力。第一階段出現的身體變化會恢復，抵抗力和免疫力都會增加到平均以上。但是如此全力以赴去適應壓力，我們的身體自然而然會逐漸感到疲倦。

請試著回想初次進入職場時，一切都相當陌生：學習新事物、認識新同事，時時刻刻帶著緊張的心情，每天身體都分泌大量的壓力賀爾蒙。在

11　編註：也有人簡單譯為「好壓力」與「壞壓力」。

這樣的狀態下，消耗許多精力掌握業務、並熟悉公司環境氣氛後，不再像之前那麼困難，也能好好應對。在此時期，如果有人問會不會很累，也能回答：「一開始真的很累，但是現在已經適應了，沒關係。」這種過程我們稱之為「適應」。

可是如果壓力排山倒海不停地湧來，那又會是如何呢？這時候就會進入疲勞階段，這階段也被稱為耗竭階段，壓力已經超過自己可以應對的範圍。試想剛才的例子，進入公司後好不容易適應那個部門，但是馬上就被調到其他部門，無法休息，又得開始學習新的業務內容，還要適應新部門的氣氛，感覺就像是位永無止盡的新人。由於長期處於壓力之下，大腦不停分泌壓力賀爾蒙，已經連續幾個月沒有休息，疲倦不堪，身體與心理也幾乎用之殆盡。此時對壓力因素的適應力已經耗盡，會再次出現第一階段的警告反應，但是卻無法分泌充分的壓力賀爾蒙來應對。這種時候就會出現什麼都不想做，非常沉重的無力感。

如果下雨，就會有漏電的危機；或是電流量過大的話，就會燒斷保險絲，導致房屋斷電。我們的身體也是一樣，分泌壓力賀爾蒙讓我們不會產生適應問題，但是持續累積過度的壓力，就會抑制到對應緊張能力的「下視丘—腦下垂體—腎上腺軸」（HPA- Axis），因為運作HPA軸需要消耗非常大的能量，大腦會判定「原來不管怎麼應對都沒有用啊，不能每次都消耗這麼多能量，那就抑制這個過程吧」，所以會變得難以應對壓力，身體反應也會變得遲鈍。因為無力去反應與應對，我們的身體就會像保險絲燒斷般地沉下來。

所有機器一旦超載就會「停機」，我們身體的壓力系統也是，長期過度負載會導致身體無法運作，這是為了阻擋能量不必要的浪費，防止其他器官損傷，而做出關閉我們身體電源開關的決定。

交感神經與副交感神經

我們的身體有著自動調節狀態的自律神經系統，其中又分為在緊急狀態中負責發出警報的交感神經系統，以及對應身體休息與充電狀態的副交感神經系統。交感神經系統使我們的身體緊張，副交感神經系統則讓身體可以放鬆休息。理想上，我們的身體可以適當調整兩種系統，使其相互作用，自行調節。

當處於緊張狀態時，身體會促使交感神經運作，以便即時對應危機。

從某種程度上來看，交感神經對人類的生存有著巨大的貢獻：在原始時代，人類因為生理方面很脆弱，如果猛獸突然出現必須要迅速逃跑，或是拿起武器與之搏鬥，倘若那瞬間還在腦海裡反覆考量應對，就太遲了。當猛虎奔馳而來，當然要本能地逃跑啊，如果還想著「那是老虎對吧，該怎麼辦才好」而猶豫不決，馬上會被攻擊，在緊張狀態啟動的瞬間，身體會本能地判斷「危險」而採取行動。

交感神經運作時，心跳會加速、呼吸急促，氧氣也會消耗得更多、更快，腸胃等消化器官會被抑制，這時候渾身力量應該全都用於逃跑或戰鬥。為了要感應危險，瞳孔會放大，同時身體會將血液輸送到手臂、腿、肩膀、腰等相關的大肌肉。為了應對危機，我們的身體會消耗大量的能量，實際上也能發揮超人般的力量。舉一下當今常見的例子吧，比如腦袋放空地走在街上，突然一輛車駛近，如果我們完全不動的話，肯定會被撞到；於是身體會下意識地快速閃避，驚慌地想著「差點就死了」，這才放下心來。若是平常的話，根本不可能反應這麼迅速；但當危急時，身體就是有辦法本能地閃過。這些反應通常是交感神經系統運作下的結果。

相反的，副交感神經是在擊退猛獸或是逃離現場等危機解除後開始運作的，用以為我們的身體重新充電。原本停下的消化系統重新啟動，血液流向末梢血管，手腳也會變得溫暖，也會想去上廁所。

在平時，交感神經與副交感神經會交互運作，以達到平衡。如果身心平靜舒適，就是副交感神經負責反應；覺得緊張危險時，就是交感神經負責反應。

問題在於當人承受過多的壓力時，交感神經運作時間也會拉長，身體持續處於非常狀態。當職場上有找自己麻煩的人、需要迎合龜毛挑剔的人、或者得要應付要求特別多的客人時，心理上會相當緊繃，如此一來，交感神經就會持續運作，對身體造成負擔。面對壓力時，心跳會加速，有的人甚至說彷彿可以聽到心跳的聲音。實際上也會這樣，呼吸急促、覺得似乎喘不過氣來、胸口也悶悶的，好像有什麼東西卡著，像是吞進了石頭，肩膀上彷彿有重物壓著。當這種非常狀態持續，會導致消化不良，也會變得沒有胃口。

如此一來，飽受職業倦怠或慢性疲勞的人們，會失去讓身體放鬆的機能，即副交感神經活動下降，身體處於不平衡的狀態。因為很難調整心跳、呼吸與血壓，有時會感到頭暈，久坐起身時會頭昏眼花，突然失去重心，嚴重的話也可能會昏倒。承受沉重壓力的人會經歷這樣的症狀。

身體的節奏被破壞。

所有生命都有節奏，不管是脈搏、呼吸、賀爾蒙、甚至是情緒，都以一定的節奏運行，而我們必須配合這個節奏來活動。我們的身體大致能配合二十四個小時來運作，為了維持生理時鐘，會釋放、抑制、調節各種賀爾蒙，這種節奏也包含一天的活動、一周的節奏等。被稱為壓力賀爾蒙的皮質醇也是一樣，如果是健康的人，不是整天分泌一定量的壓力賀爾蒙，而是在特定的時段大量分泌，其他時段少量分泌。

問題在於承受過度的壓力時，這樣的節奏就會出現變化。人們總以為

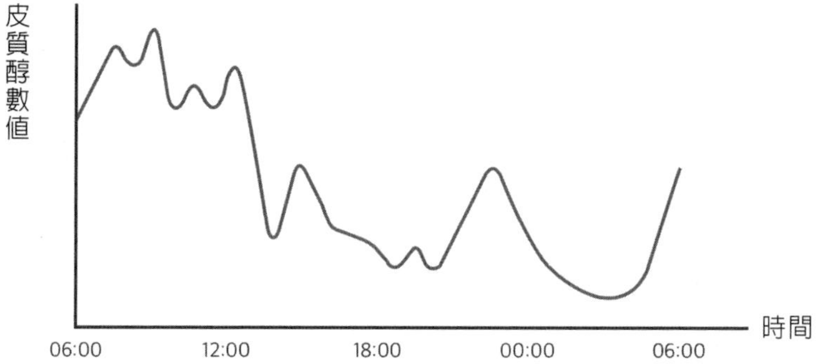

健康者的皮質醇數值變化

壓力越大，身體便會持續分泌壓力賀爾蒙；但實際上並非如此，整天隨時得分泌相似份量的壓力賀爾蒙，數值反而變得平均。如果生命原有的節奏大幅改變，或消失不見，那麼得要視為陷入非常糟糕的狀態。長期承受壓力，賀爾蒙的節奏就會被破壞，其他生理時鐘的節奏也會變得緩慢，正常的節奏會被打亂，也會影響到睡眠或是消化等問題，疲倦感會更加嚴重。像這樣，我們身體節奏被打亂的話，心情會變得很差、常常感到煩躁，生病等不良症狀就會接二連三地出現。

我們的能量也是有起伏的，有能量增加讓精神為之一振的時期，當然也有停留在一定程度或比以前下降的時期。但是如果陷入職業倦怠的話，能量的數值就會左右心情。只有在目標意識增強，認同感上升，高能量的時期心情才會好。

若是抱持著「無論發生什麼事我都要很努力」的想法不停奔跑，肯定會很疲倦吧？這時就到了要減少能量的時期，此時應該要好好修息，但卻會感到憂鬱，心想：「你現在在做什麼啊？能量應該要持續上升呀，為什麼會下降呢。」

情緒與能量的起伏是理所當然的，不可能存在平穩卻沒有任何起伏的曲線圖。有起伏是相當自然的現象，如果總是自認必須維持高水準的情緒與能量，進而強迫自己，就會沒辦法容忍能量下降的時候，同時心情也會變得很糟。能量下降時，只要充電就好，但是必須充電時，卻又會感到自責，一邊想著「這樣不好吧，這樣不行吧」，既無法充電、休息時心裡也不舒服，因此可能會出現疲勞不斷累積的情況。

以呼吸法來釋放壓力。

聽了許多關於身體的話題，不覺得身體有些沉重不舒服嗎？當承受許多壓力時，肌肉會最先感到緊張，從手、腳、肩頸開始，全身都會不舒服。儘管沒有做什麼體力活，但肩膀變得僵硬，手臂肌肉也變得緊繃，嚴重的話甚至還會抽筋，也很常出現血液循環不順暢，手腳冰冷的情況。在這種狀態下，身體很難消除疲勞，也就是說，當身體緊張地勒緊了自己，又怎麼能消除得了疲勞呢？

這種時候系統性地放鬆是最有效的，我們必須喚醒副交感神經運作。

如同失火了就該用水來滅火，身體緊繃時，要去舒緩它，哪怕只有一點點，也要阻斷能量的消耗。

首先深呼吸是相當重要的。感到不安以及心跳加速時，最好的控制方法就是呼吸法。我們沒辦法控制心跳，「心臟實在跳得太快，應該要讓心臟慢慢跳」，這是做不到的吧？然而，呼吸法是讓節奏慢下來、或者邊看時鐘邊調節呼吸的次數。

調整呼吸時，要有意識地用鼻子吸氣後稍微屏住氣息，再以口慢慢吐氣，反覆練習，這樣慢慢吸吐，減少呼吸次數的話，就可以促使副交感神經運作。我們通常一分鐘呼吸十次至二十次左右，呼吸法則是試著將呼吸次數減少到一分鐘十次以下：用鼻子吸氣三秒，屏息一秒，吐氣四秒，一組呼吸約八秒，這樣就可以讓呼吸降到一分鐘七次至八次。

調整呼吸，慢慢讓身體放鬆，鼻子吸氣、屏息、用嘴慢慢吐氣，再一次鼻子吸氣、屏息、用嘴慢慢吐氣。吸氣時飽足地吸入空氣，吐氣時彷彿將身體廢棄物排出般傾吐。

閉上眼睛也好，靠在椅子上也好，舒服地躺著也不錯，全身放鬆看起來像樹懶一樣休息就可以了，繼續維持緩慢呼吸，放鬆全身的力量。一開始先試著放鬆手臂：一邊呼吸，手掌一邊握拳再放開，手臂用力彎曲再伸直，另一隻手臂也重複相同的動作。

在緊張狀態下要放鬆身體並不容易，因為壓力讓全身肌肉僵硬，即使認為已經放鬆了，但實際上並沒有。這時候就要勉強自己再次用力，然後慢慢放鬆，將注意力放在放鬆的動作上，進而緩解緊張。

雙手放鬆後，就將注意力放在手上吧。集中精神，一邊呼吸，想像自己正坐在涼爽的海邊，徐徐微風迎面吹來，和煦的陽光照耀雙手。因為深呼吸，心情變得舒暢，手也逐漸暖和了起來。

有沒有人覺得手掌真的溫暖了起來呢？一開始或許會覺得尷尬，就算做不好，只要多試幾次，手真的會變得暖和。我平時會花個五分鐘一面聽著輕柔的音樂一面深呼吸，這麼一來也會促進副交感神經運行。因為緊張而手腳冰冷時，只要集中精神想像著手腳變暖，手腳實際的血液流量就會增加；血流量增加的話，血液循環也會變好，也有助於鬆弛肌肉，最重要的是可以轉換心情。

陷入職業倦怠時、尤其是受到壓力而產生職業倦怠時，很多時候會用腦過度（大腦持續理性運作），不停地制訂計畫，被「總覺得必須要做些什麼」的想法折磨著。此時只會感受到幾種負面消極的情緒。在這種時刻，只要集中精神在身體、呼吸、手的感覺，仔細感受「此時此刻在此處」，分散腦中的壓力，緩解緊張。

和我一起演講職業倦怠主題的心理學者，曾經對聽眾提出「各位有百分之幾在現場呢」的問題。其實很多時候在演講會場、學校、公司裡的「我」，並不是完全的「我」，有時候只有身體在現場，卻留下了百分之十的我在家裡；或著一面留在公司加班，內心狀態卻又像是下班了；一邊擔心著明天的考試，雖然留在學校念書，一邊卻想著要和朋友聯絡，這種狀態，大概有百分之十五的心思飛到那裡去吧。我們不可能總是百分之百都忠實地在「此時此刻此地」，但是被過多的想法與擔憂糾纏時，要試著喚醒身體，集中在情緒、感受、身體上，只要集中精神，就會有所幫助。

觀察自己的身體與內心。

職業倦怠並沒有明確的診斷標準，但當意識到自己已經陷入職業倦怠、並覺得若繼續下去狀況一定會惡化時，就得充分休息，並且要另外安排休息時間。尤其是準考生很常過度將精力花費在讀書計畫上，然而比起其他行程，更重要的是先安排好休息的節奏。休息不是浪費時間，而是為了邁入下一階段的必要行為，如果不能有意識地讓自己休息，便會無法放鬆。雖然躺在床上休息也很不錯，然而最好的休息是走入自然，去外面走走或者登山，感受一下微風與陽光會更棒。

不過，現實生活中更常見的情況是很難立即採取措施，就算明知道必須請假好好休息、或是換工作會有所幫助，可是很難馬上執行吧。此時，如果一心只想著「唉，好絕望唷」、「我的人生完蛋了」、「大概只有死才能結束這一切吧」，像這樣往極端方向思考，就會越來越陷入泥沼。這是因為原本應該要好好調節工作壓力、經營我們的生活，但是卻完全看不到一點解決的可能，不管怎麼做都很難提升效率，因此才產生這些絕望的念頭。請花時間在自己身上吧，需要有時間來好好發現自己「原來我已經非常累了啊」、「我全身肌肉都僵硬痠痛啊」、「原來我已經精疲力盡了啊」、「原來我對事物感受變得這麼遲鈍啊」。

尤其觀察自我是相當重要的。對於前來就診的人，我會問他們，「什麼時候覺得很疲倦呢」、「做什麼可以紓解壓力」、「喜歡做些什麼呢」，主要問這些瑣碎平凡的小事；但是，面對這樣的問題，回答「不知道」的人卻遠比想像中還要多。來到我診療室的人並不是沒有觀察力、或是沒個性的人，但為什麼總會不知道呢？

不知道自己喜歡什麼、討厭什麼、什麼時候覺得幸福、什麼時候覺得疲倦，並不是腦袋不好或是感覺遲鈍，只是無法觀察自己處於什麼狀態、或者對於這些狀態有個制式的想像而已。例如，如果問什麼時候會覺得心情不好，腦中常會出現「為了不要被認為是有問題的人，得要回答我心情一直很不錯才行」的標準答案，這麼一來就很難觀察真正的自己。

各位讀小學時有做過種植四季豆並寫觀察日記的作業吧。想必曾經發生過類似狀況：明明在課本上學到的四季豆是兩片子葉，可是某株四季豆只冒出一片子葉，這應該是突變吧？但一想到要畫入觀察日記裡，就把觀察到突變的子葉也全都畫上兩片子葉。儘管實際觀察到的只有一片，但因為我們所學是兩片，因此認為只能這樣畫。

這種情況相當多。我現在處於什麼狀態、喜歡什麼、做什麼可以紓解壓力、什麼時候會覺得最有壓力、心情是好是壞，缺乏實際的自我觀察，只有已經設定好的回答。不過，我們正是要練習放下這個習慣；從現在開始，我們要的不是腦中已經設定好的答案，而是仔細觀察自己實際的狀態。

責任、義務、不安會阻擋正確的觀察，所以書寫觀察日記是非常重要的。首先想讓大家知道，仔細觀察自己本身就是一種接納自我的方法，也是對自己的安慰。尋找自己做什麼事心情會變好、做什麼事時會承受很多壓力，「比起咖啡，喝紅茶會讓心情更好」、「慢跑後心情舒暢許多」、「不喜歡去熱鬧喧嘩的場所」、「朋友如果說這種話會讓我心情不好」，像這樣觀察生活細節，然後以觀察日記為基礎，尋找並掌握照顧自己的基準與方法，一面正視自己的情緒並且接納它。

書寫五感日記。

觀察自己的狀態之後，接下來透過各式各樣的刺激，感受一下現在的自己。刺激視覺、聽覺、嗅覺、味覺、觸覺，會對我們有所幫助。實際地活動四肢，注意眼睛所看、耳朵所聽、口腔所嘗、觸摸事物，感受自己的身體是如何反應，也感受看看隨著身體的反應內心又是如何變化。除此之外，冥想也有很大的幫助。

我建議可以寫「五感日記」，不管是用便條紙、日記應用程式，或者用筆記型電腦也很好，雖然有很多記錄方法，但是像五感日記的話，準備小小的隨身手冊也很不錯。

書寫五感日記的方法非常簡單，一周寫一種感覺，在五周的時間裡，詳細記錄五種感覺：第一周是聽覺、第二周是觸覺、第三周是視覺、第四周是味覺，最後一周是嗅覺，以這樣的方式記錄。在觸覺周時，一整周的時間就只記錄觸覺，可以按照自己的喜好或是想記錄的順序來畫分五感的周次，每天寫一篇關於感覺的紀錄。

除此之外，記錄感覺時，必須要忠實地「描寫」，請不要使用預測或是評價的字句，這遠比想像中來得難。

觸覺周的第一天，假設要記錄對棉被的感覺，在我們感受棉被之前，腦海中很容易就先想到棉被的固有形象，寫下「棉被很柔軟」。其實我蓋的棉被有著獨特的布料，並沒有那麼柔軟，上面起毛球反而有點粗糙，這一事實讓我們了解我們遠比想像的更不尊重五感，腦海中很常用理性來判斷與表現。

現在，讓我們再次好好感受，寫下「棉被上的毛球像是細土中的小沙子一樣粗糙」吧。這種感覺與描寫是否讓你感到有些陌生？希望可以長時間保持著這種陌生的狀態。即使想不到可以表現的詞彙也沒關係，充分地讓自己停留在這種空白裡，慢慢隨著意識，看看自己有什麼想法或感覺。

在我們學會感受事物之前，會習慣以他人的感受來替這些情況下定論，「這個不會刺刺的，是癢癢的」、「天啊，這顏色也太俗氣了吧」，但我們應該盡量不使用他人的判斷詞語，而是從頭練習用自己的身體去感受，用自己的語言去描述。在描述感覺時，請多使用擬聲詞或擬態詞，雖然也可以用比喻的方式書寫，但更重要的是，要更具體地去形容五感，盡可能詳細描述感覺部位。「吹拂在右邊下巴上方的風」和「吹拂在臉龐的風」是不一樣的，後者或許更具詩意，但從具體性而言，前者能更表現出來。在記錄五感日記的過程裡，體驗不帶成見或評價，只是單純地感受自身。不是為了給他人觀看、或是獲得稱讚，只是用自己的語言來表達這些感覺就可以了。

停止看自己的臉色。

另外想要建議的方法是「self talk」，也就是和自己對話。這不是在做內心的獨白，而是實際發出聲音與自己對話。除此之外，比起用陳述句，提問的句子會更好。首先請寫下幾個想問自己的問題，接著用手機或錄音機將問題錄下來，並對自己提問。不是單純地念出寫下的問題，而是要把想到問題時的心情與感受，融入錄音中傳遞給自己，希望能認真傾聽帶著自己情緒的聲音。

此方法最大的門檻是我們往往對自己的聲音感到陌生。在能充分享受這個「陌生」的提問之前，會先產生「哎呦，不想聽到自己的聲音」，而關掉錄音機。但是，請你將這個聲音想像為別人的聲音，將心思集中在聲音上。和前一章節提到的五感日記一樣，只要撐過類似的陌生感，就會逐漸進入狀況。

現在，我們進入相當重要的階段了。比較一下自己寫下的問題與說出口的問題。舉個例子，就拿已經寫下的問題來看，「我為什麼經常打錯字？」一看到這句話，會覺得似乎在責怪經常打錯字的自己吧？但是如果只看文字本身，就只是在問會打錯字的理由而已。

現在把這句話跟錄音提問比較，有些人在提問時是非常溫和地，但是大多數的人會帶著評價般的語氣，有著諷刺、責備的語調。如果以文字書寫提問和聲音中帶點責難的提問，感覺有所不同的話，那麼請把焦點放在兩者的差異上。溝通可區分為語言溝通（verbal communication）與非語言溝通（nonverbal communication），聽錄音後的聲音，可以確認自己非語言溝通的態度（批判、敵對、殘酷），接著把用這種態度提問的我、和聽著這個問題的我分開來看。聽著錄音的自己也是一種觀察者的角色，有助於自我覺察。反覆觀察可以達到自省的目的，也可以自動停止負面思考。

這和職業倦怠有什麼關係呢？其實，我們自己也會看自己的臉色，看臉色過日子的話，也就成了情緒勞動。當情緒勞動逐漸變得嚴重，陷入職業倦怠也只是遲早的問題。帶著怒氣提問「你（自己）為什麼老是打錯字」時，在這之中含有「訓斥的我」與「挨罵的我」，而「挨罵的我」在看「訓斥的我」的臉色。這真的是讓人心疼的瞬間，自己看自己臉色，不斷反覆，若不改變實際行動，只會感到更加心急如焚。

自我對話的目的就是為了要停止看自己臉色的行為。不是要改變自己的心情，而是透過簡單的行動來保護內心。想讓經驗自我與觀察自我溝通，最重要的是要讓自己的語言訊息與非語言訊息保持一致。這就是所謂的真實性，只有在毫無隱瞞、好好溝通之下，才能夠觸碰到心靈。如果不想再打錯字，那麼「下定決心不打錯字」的語言訊息，以及「尋找不會打錯字的方法」的開放態度，以及聲音的非語言訊息必須一致。只有這樣，才不會對自己過於苛刻，也才能擺脫看自己臉色，進而與自己好好聯繫。

藉由對自己發出聲音提問，透過這個過程來回顧與自己的關係。在此提供一個小訣竅：與其提出可以回答「是」或「不是」的問題，最好根據「六何法」（5W1H）[12] 來提問會更好，請使用「什麼」、「如何」來組成問句，以「該如何做？做什麼會比較好？」的態度來提問吧。

12 編註：也就是俗稱的 5W1H：何者（Who）、何事（What）、何時（When）、何地（Where）、為什麼（Why）以及如何做（How）。

寫下專屬自己的急救處方箋。

為了孤單又疲憊的自己，打造一個支持系統吧，我稱這樣的支持系統為「煩惱共同體」。找一些可以互相鼓勵、吐露煩惱的好朋友，或者也可以在匿名留言板或是聊天室裡吐苦水，製造一個可以在情感上互相支持的共同體。建立一個當感到疲倦時可以互相聯絡的緊急聯絡網，讓自己可以主動聯繫、也可以讓對方吐苦水的支持系統。

同時，也要替自己打造一個急救處方箋。有時候心情會跌到谷底，甚至會產生極端的念頭，也會想要傷害自己；面臨這種情況而感到疲憊不堪時，寫下自己該做什麼會比較好，並制訂專屬自己的急救處方簽。或許我們可能會認為有寫急救處方簽的必要嗎？但是當絕望的瞬間真的來臨時，單純思考要做些什麼都是非常困難的，當人精疲力竭時，很難有任何想法。

請試著寫下當自己完全精疲力竭、或是陷入憂鬱的疲憊瞬間時，可以怎麼轉換或是調整心情吧，急救處方越具體越好。如果寫下了第一階段時聽音樂，那麼請思考一下要聽什麼音樂，如果寫下在產生第二階段危機時要看搞笑影片，也就一起寫下要看哪些影片，平時如果有訂閱的影片或是喜歡的「播放清單」，也一起寫下來，會很有幫助。

如果要傳簡訊給朋友的話，寫下可以聯絡朋友的順序，如果事先跟那些朋友說「我累的時候會傳簡訊給你」，並且徵求同意會更好。也請寫下如果聯絡不到那位朋友時還可以跟誰聯絡，如果要打電話要先打給誰，什麼時間點可以。具體寫下這些資訊會有所幫助的。

也可以寫寫自己喜歡吃的食物。請列出平常自己喜歡的食物順序吧。

如果寫下的方法是出門，不要只寫出門，而是要具體寫下去哪個公園散步、還是要去河邊騎腳踏車。能事先制訂出門的路線會更好，因為真的非常精疲力盡時，無法思考這些瑣碎的小細節。

看著詳細寫下的急救處方簽，機械式地照著處方簽去做，心情也會變好的。

我所提供的只是舉例，也可以是織件娃娃的衣服，或是畫隻可愛的貓咪等，請列出具體清單，制訂專屬各位的急救處方簽吧。

專屬於我的急救處方簽

	舉 例	處方簽
第一階段	聽喜歡歌手的歌 （音樂播放清單：＿＿＿＿＿＿）	
第二階段	看搞笑影片 （訂閱清單：＿＿＿＿＿＿）	
第三階段	傳簡訊給朋友。 （朋友：○○○、○○○、○○○）	
第四階段	打電話給朋友 （朋友：○○○、○○○、○○○）	
第五階段	吃喜歡的食物 （1：＿＿＿，2：＿＿＿， 3：＿＿＿）	
第六階段	出去走走 （路線 1：＿＿＿，路線 2：＿＿＿）	
第七階段	必要時，吃藥。	

守護自己的界線，堅持自我主張。

所謂的職業倦怠，就是當持續性的社會義務和非得不停工作的壓迫感同時滲透自己，這種時候就必須要停止義務與壓迫，建立屬於自己的界線，並堅守這條界線。在職業倦怠的巨浪來襲前，要先堆造可以避免被巨浪吞噬的防波堤，與周圍人的對話、協商，也要盡可能守護心理上的安全感。

為了守護自己建立的界線，我們需要的是「直率地表達」（assertiveness），也可以說是「自我主張」[13]，我是在當住院醫生時接觸到這個概念的。當時我們將前來就診的人聚集在一起，進行自我主張訓練，在這訓練中，要練習拒絕、說出自我意見、自己的心情、接受道歉、也練習道歉等，像是「這個工作我沒辦法做」、「我不這麼認為」、「聽到這樣的話心情會不好」等。

當有人交付強人所難的工作給我、引發我的自責感，或是要求過度勞動時，在某種程度上必須要畫出界線，才能防止職業倦怠。如果處於累積過多疲勞感的狀態，更應該要堅守這條底線，此時最需要的就是堅定果決

13 編註：也可以譯爲「有自信地表達自己的需求」，指能清楚且不帶羞怯、自責感地說明自己的想法、需求、界線等。具有 assertiveness 特質者，能夠堅定自己的觀點，並且積極說服他人，同時也能自然而然地接受建設性的批評與讚美。

的態度，這是一種在人際關係中於不侵害他人權利的情況下，尊重對方的意見，坦率表達自己的情緒、權力、需求、想法或意見的正確姿態。

我們對人的態度大致可分為攻擊性姿態、被動姿態與堅決姿態三大類。攻擊性姿態指的是與對方爭吵、批評或威脅對方，不認同他人的情感或是態度。大家常掛在嘴邊的「蠻橫」、「耍大牌」也是其中一種，在只愛自己的人身上也可以看到這樣的態度。

被動姿態主要是弱者不得不採取的態度，往往發生在將決定推給他人、不想對決定負責時，或是沒有做決定的精力，疲倦無力時也會出現。如果不守護自己的權益，他人就可能會侵害我們的權利，從中獲取利益。

接著是堅決的姿態。堅決的姿態是不讓他人調整或是控制自己，在要畫下界線時、或是守護自我主張、表現自己真正感受時會出現。堅決是基於所有人都是生而平等、應該受到平等對待的信念，我們不應侵害他人的權利，同時也守護自己的權利。

在韓國，要採取堅定的態度是很困難的，為什麼會這樣呢？研究自我主張訓練的心理學博士金仁子曾做出分析，這是因為我們成長於非自我主張性的環境中。孩子在成長時，很少能公開自己的想法或情緒，所以幾乎沒有機會可以學習建立自我主張的方法。只要稍微說出意見，就會聽到父母長輩「還頂嘴」的責備，對不合理的情況表現不滿的話，就會被指責不能對大人「沒大沒小」。這是一個很難讓人坦率地表達自己情緒與想法的環境，大家都是在無法表達自我主張的環境中成長。

問題在於這種非主張性的行為會被持續強化。當善於表達主張而受到稱讚時，人們會持續堅持自己的主張，強化正面積極的行動；相反的，在我們的教育制度與儒家文化的影響下，反而強化了非自我主張的行為，「要聽話才是乖孩子，」必須要遵守規則，當個模範生，學習順從，遵守長幼有序，這樣的機會太多了，很少有機會可以學習到自我主張，因此我們很容易不斷強化非自我主張的行為。

最終，在這樣的環境下，不斷被強化非自我主張行為的社會成員，習慣接受了不合理的信念，陷入「反正沒人要接受我的意見」、「不管我說什麼也沒用」、「人際關係本來就有輩分」、「我的話一點效力都沒有」的想法，而這些想法只會阻擋堅決果斷的行動。

說出自己想要事物的方法。

請說說當選擇自己想要的和不想要的事物時，各自會有什麼感受吧。想要做到這一點，首先請自我觀察，這麼一來就可以明確知道自己想要說什麼，必要時也可以用文字書寫。

首先，讓我們試著把要求結構化吧？

當對方做出什麼行為時，我有什麼感受？我希望對方怎麼做？我又會有什麼感覺？請按照自己的想法整理看看。例如，如果對每天遲到的同事感到不滿，也可以將這樣的要求具體化。

你做 ________________ 時，

我覺得 ________________ ，

所以 ________________ 。

我希望你如果能 ________________ 就好了，

你如果能 ________________ 的話，（正面的）的事情，

如果你做不到 ________________ 的話，（負面的）的事情。

「當你連出席這項企畫小組會議都遲到時，我真的很生氣，不僅參與會議的人浪費時間，大家也沒辦法聽到你的想法。我希望你能夠準時參加會議，如果迫不得已無法準時，也請先通知。如此一來，會議可以準時開始，之後也可以聽到你的想法。如果你遲到了，大家也能知道就算沒有你也可以進行會議。」

必須要具體定義問題，陳述事實，共享意見與信任。但是在提出堅決的自我主張時，要避免做出評價或

解釋，像是「如果我每天都跟你玩，考試就會落榜」這類的話就不是好例子。

正確地表達自己所想與感受是需要練習的，此時「我的傳達法」、也就是說出「我覺得如何」，這樣的表達方式是有效的。說出自己的感受、什麼樣的行動會讓自己特別想要什麼，而這樣的變化會帶來什麼樣的正面結果等。能夠誠實傳達所思所想，會帶來相當有價值的結果，也要說出如果對方不願意遵照我的想法行動時，那麼為了要守護自己，自己會做出什麼行為。此時對方可能會接受我的提議，也可能不會。總之，坦率表達自己的情緒，在某種程度上也可以整理好自己的心情，明確傳遞自己的需求，也可能與對方妥協或是因此產生新的提案。

這種傳達自我主張的方法中，也包括了使用肢體語言等非語言溝通。為了強化自己的主張，利用肢體動作或表情也是相當重要的，說話時要帶著明確的聲音，不是死瞪著對方，而是帶著堅定的眼神直視。堅決的態度在正確表達自我意見時是必要的要素，當不理解對方所說的話時，「不裝懂」也相當重要。為了明確理解他人，有時候需要適當的提問。

有時候我們的要求與期望，會與對方的要求與期望有所衝突，要找到能夠完全滿足兩邊的需求可能很難。與其找到完美的解決方案而用盡力氣，或引起爭執，不如尋找可以在兩者之間適當協議的點。

雖然堅定自我主張非常困難，卻也相當重要。我們生活在注重長幼有序、為人處世要察言觀色的高情境文化（high-context culture）中。例如，如果有地位較高的人在，大多數人都會認為「應該要有自覺，恭敬地對待對方」，不自覺地看長輩、上司的臉色，做他們喜歡的事情，如果對方心情不好，就會想辦法緩和氣氛，因此無法舒坦地表達自己的情緒，在這過程中也會消耗許多能量。

當然要在社會上生活，某種程度上也不得不戴上「人格面具」，即「表面人格」，但重要的是要維持這個表面人格需要使用多少能量，如果需要將所有能量都用於維持表面人格的話，那麼守護自己的力量就一點也不剩了。試著去設想只將一半的精力用於表面人格吧，足以應付必要的社會生活就可以了，某種程度不但可以保留不加修飾的自己，也可以休息，維持能量，最好思考看看自己在哪種情況下要使用多少精力。

最後想說的是，為了能在職業倦怠中恢復，嘗試各種活動本身就具有意義。但是在這過程中，要注意一點，如果帶著「透過這次的活動，必須要擺脫職業倦怠」的想法，就會開始陷入評價這活動是否有效的結果主義（consequentialism）裡，不自覺地要求「恢復」也必須有效率。希望各位千萬不要用二分法來看待是否有從職業倦怠中恢復。

恢復的最後階段，人與人的連結感。

我曾經看過用電子顯微鏡拍攝神經細胞死亡過程的影像，原本細胞上尖尖凸出的許多突觸，一個個萎縮或消失，最後成了平滑的細胞，之後細胞內部的活力急劇減少，最終也停止活動。人也和細胞一樣，因為嚴重的壓力與過勞，能量的儲存量與可容量減少，對外界的關心與活動也會逐一減低。阻斷造成壓力的外部因素，減少精力在不必要的人際關係上，這是為了防止電力耗盡，因為與人相見、交往、關心社會等，往往耗費相當多的能量。透過這樣的策略，可以暫時節省能量的損耗，讓生理恢復。不過，當身體、情緒上的乾枯逐漸好轉後，還是得要回歸與世界的溝通，因為唯有與內、外部活躍溝通，不斷互動，保持恆久性，這才是生命的自然狀態。

在職業倦怠的書裡談論與外界連結，或許會讓人覺得有些莫名其妙。對工作已經厭倦至極、難以恢復，和他人連結會有幫助嗎？是的，事實上，努力與他人連結會有幫助，更準確地說，「連結」是從壓力與職業倦怠中恢復的最後一個階段。

這裡最重要的，是要以與過去不同的方式，和曾經讓自己感到痛苦疲倦的對象與環境重新連結。如果從壓力中恢復，卻回到一點也沒有改變的環境，又以和過去同樣的方式再度陷入過勞，難保過不了多久又得面對職業倦怠。

連結對恢復是必要條件，但也必須要與過去有所不同。有些人不禁會有「這不簡單，到底要怎麼做才好呢」的疑問，所以我特別強調「連結感」。連結感是在不互相判斷或評價、也沒有上下階級的情況、不互相侵害完整個體，進而安全連結時會產生的感受。人與人連結時，會產生連帶感、團結感、共同體意識、親密感等各式各樣的情感。而我重新提出的「連結感」一詞，是沒有受到韓國強烈的長幼尊卑、集體主義、上下階級的歷史脈絡污染，並且與之分離，強調個別的、人與人之間的連結。人與人的連結當然具有一定的意義與美好，但是韓國社會經歷過殖民時代、戰爭、軍事獨裁、經濟高成長期，因此更加強化了集體主義、長幼尊卑、父權主義、結果主義等。在共同體的美名下，將弱者的犧牲正當化，這種氛圍亦是導致今日個人職業倦怠的一大原因。因此，我想強調的是，如果從職業倦怠中恢復、要與世界再度連結時，最重要的是身為完整的個人，不要為了理念或團體，犧牲自己的安全連結。

我在苦思該如何從壓力與職業倦怠中恢復時，想到的具體作法就是「連結感」。在二〇一七年末即將邁入二〇一八年時，我和從事企畫工作的鄭景祿一起合作精神健康企畫案，共同討論關於韓國人大多陷於職業倦怠或即將職業倦怠的狀態時，除了診療與諮商以外，還能在日常生活中做些什麼。我們將焦點放在陷入職業倦怠的人，在情緒上逐漸變得無感或是遲鈍，無法意識到自己的狀態。

為了喚醒逐漸遲鈍的身心，我們認為輕鬆好上手的第一步就是恢復感覺，尤其是從五感開始。「感覺」是指身體與自身感受連結的信號，而且是中立的，所以沒有好、壞、做得好、做得差、太蠢了等評價，而是直視自己本身並感受它。

鄭景祿曾經從事拍攝紀錄片的工作，為了要拍出優秀的紀錄片，必須忠實傳達演出者的真實故事。他非常喜歡和演出者對話、進行訪談，但是長久以來一直有個疑問環繞在他的心中：為什麼有時候對話很順利，有時卻很不順呢？對話很順利的日子，深入彼此的內心世界，也曾經歷過能共鳴對方的過往而一同流淚。他表示幾年的體驗下來，終於了解這樣的對話並非偶然發生，採訪者得要時常固定拜訪演出者、分享生活、讓彼此相處變得舒適自在，累積幾項條件後，在氛圍營造得差不多時，當演出者內心深處歷歷在目的傷痛或感動記憶湧出的瞬間、毫不顧忌地表現自身的記憶與感情，而採訪者也與之一同感受，那一瞬間的感情與情緒才會深深刻畫入心底。

聽到這番分享，我想起自己也是逐步與前來就診的人建立信任關係，當患者領悟到自己真實的情緒、或想起那些曾被遺忘的重要記憶時，那一瞬間，治療者與患者對話，會感受到彼此是如此相似，有著深刻的連結，彷彿水庫裡的水逐漸累積湧上，水門猛然地被打開，觸碰到彼此的心靈。我們幾乎是同時一起喊出「好像有什麼連結感之類」的話。

我之所以分享連結感誕生的過程，是因為這個過程本身沒有誰是領導者、沒有判斷或評價，是在充滿連結感的對話之中誕生的。這是相當有意義的經驗，也是我能自信地向各位提出建議的理由。

我們必須彼此守護。

我們所有人都是社會的一體。在此我想對大家表達的是，所有存在於社會中的個體，都應該受到照顧，並安全地連結，因為人們一起生活在社會這個巨大的網絡上，彼此有共鳴、互相理解，會對於生存產生很大的幫助。我們有權力不因為階級而產生不安與不當，為此要彼此相互守護。

有個稱之「脆弱循環」的概念，如果要能互相坦承彼此的脆弱，就需要安全的親密感。在傾訴自己做不到的事、感到辛苦的事、困難的情況時，需要有個能接受我的軟弱，且能互相傾訴脆弱的對象，可以彼此分享丟臉的小祕密。我們都需要當自己說出「我辦不到，這對我來說太累了」時，不會批評「你怎麼會這麼廢啊，你這樣不行啦」的對象，並且會說「原來如此，我能幫你什麼呢」的人。在訴說「這樣做不會累，但這樣做就會很辛苦」的同時，有能夠互相交換弱點的人也很好。當有了這樣的關係，會較能放鬆，也會比較舒服自在，能建立這樣關係的環境是相當重要的。

所謂的連結感是指，當我勇敢地坦承自己的情緒、選擇、對生活的不放心時，對方沒有評價、推測、預設立場，而是被對方完整地接受，這也就是在關係中有安全感的瞬間。在不評價、不判斷的「心理安全感」（psychological safety）中互相交流，累積彼此的信任與親密，建立適當的關係，而且只有在安全的關係上，才能產生具有創意的活動，朝著共同目標前進，也才能互相合作。

在尋找身體與內心感覺的過程中，沒有什麼是錯的，想要感受連結感，就需要在不被評價的安全環境下確認自己的感覺，同時逐漸擴大到與他人或團體共享感情。

也就是說，連結感是遵循只屬於自己的內在動機、興趣、意義等的安全網。當這樣的安全網擴展到社會領域，在我苦惱的世界裡就可以再往前跨出一步。因此，想像我們所處社會的變化，也是很重要的，像是「我想要生活在更安全的社會裡」、「希望社會可以更加重視人權」、「希望可以打造一個對弱者無差別待遇的社會」等。更進一步的話，也可以認真思考自己所建立的關係、喜歡的人、所存在的社會。在擺脫結果主義時，連結感會產生很大的幫助。

預防職業倦怠的十項建議。

一、消除產生倦怠的原因

在掌握倦怠原因後，就該消除引起的原因。有時候可能需要放棄職場、更換職業、轉換職場、搬到其他地方、結束一段關係等，需要做出相當艱難的決定。

二、讓身體休息

長期的慢性壓力會讓我們身體及大腦產生變化，要傾聽身體的聲音，疲倦時一定要充分休息。

三、逐漸增加讓身心健康的活動

除了維持規律的生活之外，也請逐漸增加各種生理上的與精神上的活動。重點是不要在短時間增加太多、太快、太急迫。

四、不要追求完美

「要不全有，要不全無」（all or nothing）這樣非黑即白的應對態度，是導致職業倦怠惡化的因素，完美主義或是為了讓他人開心而過度勉強自己，都是很危險的。請記住，不需要事事追求完美。

五、請重新安排生活

期待明天會發生的事、每天體驗有趣且快樂的事物是相當重要的。透過正面積極的動機，刺激自己朝向目標努力，請參與可以讓自己快樂的各種身心活動吧。

六、請解決睡眠問題

請盡量每天在差不多時間入睡，也盡量避免長時間的午睡。白天的活動與規律的行程有助於睡眠，早晨或白天的陽光也有助於重新設定生理時鐘。晚上很難入睡的話，請利用微弱的燈光看書直到想睡，也是很不錯的方法。

七、請避免觸發壓力或情緒

雖然無法消除人生所有的壓力與困難，但要盡量避免陷入長期情緒的停滯、引起過度壓力的職業，以及造成頻繁憤怒的環境。冥想對於控制憤怒與失敗感上很有用。

八、請調整掌控感

請持續調整自己的生活與工作。沒有足夠的掌控感、過於服從壓力的情況，會對我們的身體產生負面影響。缺乏掌控感也是造成與壓力相關健康問題的原因。

九、請感受投入感和創造性

根據許多研究顯示，曾有專注投入經驗的人，會更容易感到幸福，消耗也會比較少。尋找一個可以帶來快樂的目標，或者尋找可以賦予積極正面動機的事情吧。

十、請尋求專門醫生的幫助

必要時請積極尋求藥物治療、心理諮商等專業協助。別忘了，各位身邊存在著能夠給予幫助的人。

譯後記

你在韓劇上看到的，都是真的

梁如幸

在韓國職場也已經邁入八個年頭了，雖然只換過一次公司（也就是最近），或許我所經歷的不能代表整體韓國職場文化，但仍可視為韓國文化的一隅。我認為韓國是不喜歡「太特別」的國家，整體民風相較之下也仍屬保守，當流行什麼時，每個人都一定要有，任何行動最好不要特立獨行，穿著打扮到生活各個面向都是。最有趣的是，韓國人就連名字也經常撞名，我讀研究所時的朋友智恩，就曾拿自己的名字開玩笑說：「每個人

都會有個叫智恩的朋友。」韓劇《又見吳海英》（또！오해영）不也是同名的梗嗎？我想對韓國人來說，大家看起來都差不多，或許是一種歸屬感，自己是屬於這個共同體的一份子的認同感，進而帶來安全感吧？

研究所畢業之後，在還搞不清楚韓國職場風氣的情況下，我進入了台商的韓國分公司。雖然是台灣企業，但是公司裡除了我和另一位來打工度假的同事之外，其他職員都是韓國人。常看韓劇的朋友不難發現，韓國文化中相當強調「我們」，什麼句子都是以「我們」開頭，不是「我爸」、「我媽」，而是「我們爸爸」、「我們媽媽」。在這樣語彙習慣之下，不難發現韓國文化相當重視團體生活。韓國人的「會食」（編註：指同組或同部門員工一起聚餐，由公司出錢），聽在外國人耳裡可以說是敬畏三分啊，因為在我看來會食最主要的目的，就是用公費喝酒喝到開心：新同事到了一定要有迎新聚餐，一個月至少一次部門聚餐（我先生的前公司一周更是高達兩、三飯；但常被先生再三告誡，至少一周也要和同事吃個一、兩次午餐，才不會被排擠。長達七年待在同一職場，我曾見識過有一位從美國回來的同事，行事作風相當美式，因為減肥健身的緣故，嚴格執行飲食控制，每天自行帶便當，幾乎沒有和同事一起出去吃午餐；可能因為如此，她成為長官的眼中釘，最終談好做滿一年讓她「被辭職」。由此可知，即使自己不願意、不喜歡，但為了和諧的職場生活，除了工作以外，我們必須配合許多額外的「活動」。在韓國所謂的「應酬」，可不局限於客戶而已。

想當然這樣萬事講求看上司臉色的環境，其實也會默默造成無形的壓力。

韓國文化受到儒家文化影響，相當重視上下階級、年紀輩分。在剛進公司，聽到前輩接電話時說「您好，我是○○○代理」時，忍不住心想，「代理很大嗎？為什麼要報職稱，怕別人不知道自己是代理嗎？」後來才逐漸了解，「職稱」在韓國職場上有多麼重要，因為除非是一般社員，會直呼名字加上先生／小姐，其餘全都稱呼姓名加上職稱。我在台灣工作時，除了幾位非常高階的長官無法直呼名諱以外，大多都以英文名字稱呼；而在以職稱互相稱呼的韓國職場中，後面隱藏的潛文化就是「位階有別，不能踰矩」之意。

在前一個職場，我的直屬上司將「上對下」的文化發揮得淋漓盡致（再次強調這是我的個人經驗，不能代表全部的韓國職場，也不代表台灣沒有這樣的上司）。這位上司做事情隨他的喜怒哀樂，對下屬講話也相當口無遮攔，又愛遷怒，過度關心下屬的私生活、身材、是否使用名牌精品。可是大家都敢怒不敢言。我在當時的部門也相當痛苦，但身為一個年紀稍長、外國女性、沒有特殊專長的我，恐難找到另一份工作，實在不敢說辭職就辭職，默默在那裡忍了七年多。同部門的女同事離職，大多起因於這位主管，最後連我自己也是，再也受不了這位主管而離開了我的舒適圈。從這個例子也能感覺到，在韓國，下對上是無力反抗的，即使有著許多不滿、埋怨，甚至上司對自己人身攻擊（開會時要女同事減肥，還會當面言語調侃下屬的外貌），但大家也只能默默吞忍，因為反抗或是挺身而出的那一刻，就要做好「被辭職」的覺悟。職場上，除了工作表現以外，不僅要嚴格遵循職位輩分，同時也要注意自己的外表打扮是否得宜、身材是否管理得當，壓力能不大嗎？當我翻譯到本書中「情緒勞動」的段落時，實在感同身受、十分感慨啊。

除此之外，來到韓國公司上班後，我發現韓國人不斷督促自己進步的欲望相當強烈，許多同事下班之後會去健身運動、學習語言、補習考證照，最令我驚訝的是韓國的瑜伽課、語言課等，竟然有早上六、七點就開始的，這是為了要讓上班族可以在上班前上課（因為不知道幾點才能下班）。當整體社會氛圍似乎不斷督促著要大家「進步」時，如果自己不這麼做，彷彿就是個不求上進的傢伙。不僅是時時刻刻要求增進自己的內在，對外在更是不放過，而且不分男女老少，很多韓國人都有運動或健身的習慣，下班後去健身房也是常態，即使前一天會食喝酒到半夜，第二天仍然光鮮亮麗地出門上班。女性職員化妝是基本禮貌，即使因為疫情每天戴口罩上班，沒化妝仍會被前輩稍微責難一下。內外都要求維持在水準以上的韓國社會，有時的確令人感到疲倦，也不難想像韓國社會的壓力為什麼這麼大了。

身為兼職譯者的我，在翻譯這本書的過程中，頻頻對書中提及的各種現象點頭贊同。在韓國經歷兩個職場、中間轉換跑道時並沒有保留時間讓自己休息，讀了這本書後，才發現自己已經陷入相當嚴重的職業倦怠。前一個職場要求過多的情緒勞動，總是要看部門上司臉色過活，不管自己在工作上的表現如何，上司的情緒起伏總是席捲整間辦公室，而身在暴風圈中心的我提心吊膽、戰戰兢兢，原因不是怕工作出錯（因為已經做了很久，相當得心應手），而是深怕自己說錯話，也不會韓式拍馬屁，即便已經盡量寡言，還是常會被韓式髒話與責備如雷般轟炸，對承擔的工作業務也感到萬分厭倦，身體也經常大痛小病不間斷。以為換了公司或許倦怠感能好一些，終於在前陣子有機會跳槽到另一間規模較大的公司，但因為是完全不同的領域，工作範圍過大又過雜，再度感受到書中內文提到的，「當難以掌握過度廣泛的工作範圍也會導致職業倦怠」，看到這句話，我忍不住在心中吶喊：「是啊！我現在就是這樣！」

透過這本書，我深刻體會到自己的職業倦怠相當嚴重。原本我並不知道自己為何對什麼事都不再產生興趣，人生似乎乏味可陳；在看完書之後才明白，「啊！原來是因為這樣，我才會這麼身心具疲啊！」彷彿找到一個相當懂自己的人，在書中獲得極大的共鳴與慰藉。

希望手上正拿著這本書、同時也不懂自己為何如此疲憊的你，也能透過這本書更加了解自己，傾聽內在的聲音，適時照著書中的「急救處方簽」，將自己慢慢拉出這個惱人的職業倦怠漩渦中吧。

Smile 177

我做了什麼會產生職業倦怠

停止責備自己，放下讓你內疚、自責、不安的惡劣職場

내가 뭘 했다고 번아웃일까요

作者／安珠延안주연

責任編輯／陳怡慈、黃亦安

美術設計／葉馥儀

封面繪圖／ Agathe

內文排版／薛美惠

出版／大塊文化出版股份有限公司

台北市 105022 南京東路四段 25 號 11 樓

電子信箱／ www.locuspublishing.com

服務專線／ 0800-006-689

TEL：(02) 87123898 ／ FAX：(02) 87123897

郵撥帳號／ 18955675　　戶名／大塊文化出版股份有限公司

法律顧問／董安丹律師、顧慕堯律師

總經銷／大和書報圖書股份有限公司

地址／新北市新莊區五工五路 2 號

電話：（02）89902588（代表號）　　FAX：(02) 22901658

製版／瑞豐實業股份有限公司

初版一刷／ 2022 年 1 月

定　價／ 280 元

ISBN ／ 978-986-0777-79-6

國家圖書館出版品預行編目(CIP)資料

我做了什麼會產生職業倦怠 : 停止責備自己,放下讓你內疚、自責、不安的惡劣職場/安珠延著 ; 梁如幸譯.
-- 初版. -- 臺北市 : 大塊文化出版股份有限公司,
2022.01
160面 ; 14.8 × 20 公分. -- (Smile ; 177)

ISBN 978-986-0777-79-6（平裝）

1.疲勞 2.工作壓力 3.生活指導

176.76 110019698